Utilize este código QR para se cadastrar de forma mais rápida:

Ou, se preferir, entre em:
www.moderna.com.br/ac/livroportal
e siga as instruções para ter acesso aos conteúdos exclusivos do
Portal e Livro Digital

CÓDIGO DE ACESSO:
A 00164 ARPART2E 7 91476

Faça apenas um cadastro. Ele será válido para:

6612114220 PROJ ARARIBA PLUS ARTE 7 ANO 2 ED LA_142

ARARIBÁ PLUS Arte 7

Organizadora: Editora Moderna
Obra coletiva concebida, desenvolvida
e produzida pela Editora Moderna.

Editor responsável:
Denis Rafael Pereira

Acompanha um CD de áudio.
Não pode ser vendido separadamente.

2ª edição

Elaboração dos originais:

Denis Rafael Pereira
Licenciado em História pela Faculdade de Ciências e Letras da Fundação Municipal de Ensino Superior de Bragança Paulista (SP). Licenciado em Pedagogia pelo Centro Universitário de Araras "Dr. Edmundo Ulson". Especialização em Artes Visuais, Intermeios e Educação pelo Instituto de Artes da Universidade Estadual de Campinas. Foi assessor técnico-pedagógico da Prefeitura de Itatiba (SP). Foi coordenador pedagógico da Prefeitura de Itatiba (SP) e da rede Sesi-SP. Editor.

Flávia Delalibera Iossi
Licenciada em Educação Artística, com habilitação em Artes Plásticas, pela Faculdade Santa Marcelina (SP). Editora.

Alexandra Contocani
Licenciada em Pedagogia pela Universidade de São Paulo. Arte-educadora.

Ana Sharp
Licenciada e bacharela em Dança e Movimento pela Universidade Anhembi Morumbi (SP). Professora e bailarina.

Filipe Brancalião Alves de Moraes
Licenciado em Educação Artística, com habilitação em Artes Cênicas, e mestre em Artes (área de concentração: Pedagogia do Teatro) pela Escola de Comunicações e Artes da Universidade de São Paulo. Professor e ator.

Gabriel Kolyniak
Licenciado em Letras, com habilitação em Português, pela Pontifícia Universidade Católica de São Paulo. Editor.

Marcelo Cabarrão Santos
Bacharel em Artes Cênicas pela Faculdade de Artes do Paraná. Mestre em Educação pela Universidade Federal do Paraná. Professor e orientador de grupos teatrais.

Maria Helena Wagner Rossi
Doutora em Educação pela Universidade Federal do Rio Grande do Sul. Professora do curso de Artes Visuais da Universidade de Caxias do Sul (RS).

Maria Lyra
Licenciada em Teatro e mestra em Artes (modalidade: Teatro) pela Universidade Federal de Uberlândia (MG). Pesquisadora e professora de Teatro.

Maria Selma de Vasconcelos Cavalcanti
Bacharela em Jornalismo pela Universidade Católica de Pernambuco. Editora.

Marisa Szpigel
Licenciada em Educação Artística, com habilitação em Artes Plásticas, pela Fundação Armando Álvares Penteado (SP). Professora e formadora de professores de Arte.

Nilza Ruth da Silva
Licenciada em Educação Artística, com habilitação em Artes Plásticas, pela Faculdade de Belas Artes de São Paulo. Especialista em Arte e Educação pela Escola de Comunicações e Artes da Universidade de São Paulo. Professora de Arte da ETEC Getúlio Vargas (SP).

Priscilla Vilas Boas
Bacharela e licenciada em Dança pela Universidade Estadual de Campinas. Mestra em Educação (área: Educação, Conhecimento, Linguagem e Arte) pela Universidade Estadual de Campinas. Artista-professora da Escola Municipal de Iniciação Artística (EMIA) da Prefeitura Municipal de São Paulo (SP).

Rafael Kashima
Bacharel e licenciado em Música pela Universidade Estadual de Campinas. Mestre em Música (área: Fundamentos Teóricos) pela Universidade Estadual de Campinas. Pesquisador e professor de Música.

Raquel Zichelle
Licenciada em Arte - Teatro pelo Instituto de Artes da Universidade Estadual Paulista "Júlio de Mesquita Filho". Atriz e arte-educadora. Professora de Artes na rede estadual de ensino de São Paulo.

Silvia Cordeiro Nassif
Bacharela em Música e doutora em Educação (área: Educação, Conhecimento, Linguagem e Arte) pela Universidade Estadual de Campinas. Professora do Departamento de Música da Universidade Estadual de Campinas. Pesquisadora.

Verônica Veloso
Licenciada em Educação Artística, com habilitação em Artes Cênicas, pela Escola de Comunicações e Artes da Universidade de São Paulo. Mestra e doutora em Artes (área de concentração: Pedagogia do Teatro) pela Escola de Comunicações e Artes da Universidade de São Paulo. Atuou como professora universitária e na formação de atores. Artista de teatro e *performer*.

Imagens da capa

Um estabilizador de mão para celular sendo utilizado para filmar uma apresentação da tradicional dança tailandesa *khon*, em Ayutthaya, Tailândia, 2015.

© Editora Moderna, 2018

MODERNA

Coordenação editorial: Denis Rafael Pereira

Edição de texto: Denis Rafael Pereira, Tatiana Pavanelli Valsi, Sandra Maria Ferraz Brazil, Flávia Delalibera Iossi, Adriana C. Bairrada, Maria Selma de Vasconcelos Cavalcanti, Geuid Dib Jardim, Sidnei Santos de Oliveira

Assistência editorial: Erik Teixeira dos Santos

Preparação de texto: Tatiana Pavanelli Valsi, Sandra Maria Ferraz Brazil, Adriana C. Bairrada, Maria Selma de Vasconcelos Cavalcanti

Gerência de *design* e produção gráfica: Sandra Botelho de Carvalho Homma

Coordenação de produção: Everson de Paula, Patricia Costa

Suporte administrativo editorial: Maria de Lourdes Rodrigues

Coordenação de *design* e projetos visuais: Marta Cerqueira Leite

Projeto gráfico e capa: Daniel Messias, Otávio dos Santos

Pesquisa iconográfica para capa: Daniel Messias, Otávio dos Santos, Bruno Tonel
Fotos: Apresentação da tradicional dança tailandesa *khon*, em Ayutthaya, Tailândia, 2015. Nattawut Jaroenchai/Shutterstock. Estabilizador de mão para celular. Rawpixel.com/Shutterstock.

Coordenação de arte: Carolina de Oliveira

Edição de arte: Iara Susue Rikimaru

Áudio: Núcleo – Serviços Audiovisuais LTDA. – EPP (faixas: 01, 03, 04, 08, 09, 12, 14, 17, 20)

Editoração eletrônica: MRS Editorial

Coordenação de revisão: Elaine C. del Nero

Revisão: Cárita Negromonte, Cecília Oku, Márcia Leme, Renato Bacci, Thiago Dias

Coordenação de pesquisa iconográfica: Luciano Baneza Gabarron

Pesquisa iconográfica: Vanessa Manna, Elizete Moura Santos

Coordenação de *bureau*: Rubens M. Rodrigues

Tratamento de imagens: Fernando Bertolo, Joel Aparecido, Luiz Carlos Costa, Marina M. Buzzinaro

Pré-impressão: Alexandre Petreca, Everton L. de Oliveira, Marcio H. Kamoto, Vitória Sousa

Coordenação de produção industrial: Wendell Monteiro

Impressão e acabamento: HRosa Gráfica e Editora

Lote: 768449 / 768450
Cod: 12114220 / 13114237

Dados Internacionais de Catalogação na Publicação (CIP)
(Câmara Brasileira do Livro, SP, Brasil)

Araribá plus : arte / organizadora Editora Moderna ; obra coletiva concebida, desenvolvida e produzida pela Editora Moderna ; editor responsável Denis Rafael Pereira. – 2. ed. – São Paulo : Moderna, 2018.

Obra em 4 v. para alunos do 6º ao 9º ano.
Bibliografia.
Inclui CD.

1. Arte (Ensino fundamental) I. Pereira, Denis Rafael.

18-18004   CDD-372.5

Índices para catálogo sistemático:
1. Arte : Ensino fundamental   372.5
Maria Alice Ferreira – Bibliotecária – CRB-8/7964

ISBN 978-85-16-11422-0 (LA)
ISBN 978-85-16-11423-7 (LP)

Reprodução proibida. Art. 184 do Código Penal e Lei 9.610 de 19 de fevereiro de 1998.

Todos os direitos reservados

EDITORA MODERNA LTDA.
Rua Padre Adelino, 758 – Belenzinho
São Paulo – SP – Brasil – CEP 03303-904
Vendas e Atendimento: Tel. (0_ _11) 2602-5510
Fax (0_ _11) 2790-1501
www.moderna.com.br
2022
Impresso no Brasil

1 3 5 7 9 10 8 6 4 2

APRESENTAÇÃO

*"Todas as artes contribuem para a maior
de todas as artes, a arte de viver."*
Brecht

A arte está mais presente em nosso cotidiano do que imaginamos. Basta olharmos ao redor e perceberemos que a arte está presente em aspectos do dia a dia, como na música que gostamos de ouvir, nas cores e modelos de roupas que vestimos, nos filmes e programas de televisão a que assistimos etc.

Neste livro, você terá a oportunidade de estudar quatro linguagens artísticas: as Artes Visuais, a Dança, a Música e o Teatro. Além de apreciar obras dessas quatro linguagens, você vai conhecer as produções de diferentes artistas e seus contextos e aprender a produzir suas próprias obras.

Este livro também busca promover a formação de atitudes para a vida, com propostas que o ajudarão a resolver problemas de forma reflexiva, crítica e colaborativa e a aprender continuamente.

Nesta reformulação, a obra foi reprogramada de acordo com as habilidades e objetos de conhecimento estabelecidos pela BNCC (Base Nacional Comum Curricular).

Esperamos que este livro desperte ainda mais seu interesse pelas artes e que contribua com a formação de seu repertório cultural.

Ótimo estudo!

ATITUDES PARA A VIDA

11 ATITUDES MUITO ÚTEIS PARA O SEU DIA A DIA!

As Atitudes para a vida trabalham competências socioemocionais e nos ajudam a resolver situações e desafios em todas as áreas, inclusive no estudo de Arte.

1. Persistir

Se a primeira tentativa para encontrar a resposta não der certo, **não desista**, busque outra estratégia para resolver a questão.

2. Controlar a impulsividade

Pense antes de agir. Reflita sobre os caminhos que pode escolher para resolver uma situação.

3. Escutar os outros com atenção e empatia

Dar atenção e escutar os outros são ações importantes para se relacionar bem com as pessoas.

4. Pensar com flexibilidade

Considere diferentes **possibilidades** para chegar à solução. Use os recursos disponíveis e dê asas à imaginação!

5. Esforçar-se por exatidão e precisão

Confira os dados do seu trabalho. Informação incorreta ou apresentação desleixada podem prejudicar a sua credibilidade e comprometer todo o seu esforço.

6. Questionar e levantar problemas

Fazer as perguntas certas pode ser determinante para esclarecer suas dúvidas. Esteja alerta: indague, questione e levante problemas que possam ajudá-lo a compreender melhor o que está ao seu redor.

7. Aplicar conhecimentos prévios a novas situações

Use o que você já sabe!
O que você já aprendeu pode ajudá-lo a entender o novo e a resolver até os maiores desafios.

8. Pensar e comunicar-se com clareza

Organize suas ideias e comunique-se com clareza.
Quanto mais claro você for, mais fácil será estruturar um plano de ação para realizar seus trabalhos.

9. Imaginar, criar e inovar

Desenvolva a criatividade conhecendo outros pontos de vista, imaginando-se em outros papéis, melhorando continuamente suas criações.

10. Assumir riscos com responsabilidade

Explore suas capacidades!
Estudar é uma aventura, não tenha medo de ousar. Busque informação sobre os resultados possíveis, e você se sentirá mais seguro para arriscar um palpite.

11. Pensar de maneira interdependente

Trabalhe em grupo, colabore. Juntando ideias e força com seus colegas, vocês podem criar e executar projetos que ninguém poderia fazer sozinho.

No Portal *Araribá Plus* e ao final do seu livro, você poderá saber mais sobre as *Atitudes para a vida*. Veja <www.moderna.com.br/araribaplus> em **Competências socioemocionais**.

CONHEÇA O SEU LIVRO

Este livro está estruturado em quatro unidades.
Cada unidade está dividida em temas.

ABERTURA DE UNIDADE

Uma imagem em dupla de páginas abre a unidade.

Apresenta uma lista dos temas tratados na unidade.

DE OLHO NA IMAGEM

Seção que reproduz a imagem da abertura e propõe a observação dessa imagem com o objetivo de ativar seus conhecimentos prévios sobre os conteúdos que serão abordados na unidade. Em alguns casos, essa seção poderá trazer outras imagens relacionadas à imagem da abertura.

Traz também informações sobre o(s) artista(s)/intérprete(s) relacionado(s) à obra em foco.

TEMAS

As unidades são divididas em temas que desenvolvem os conteúdos de modo claro e organizado.

Intertítulos ao longo do tema facilitam os estudos.

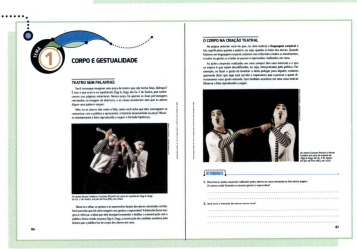

CONHEÇA O SEU LIVRO

BOXE

Textos que ampliam o conhecimento e sua reflexão sobre os temas estudados.

CÓDIGO QR

Indica que há recursos digitais, como vídeos e animações.

OUTRAS EXPERIÊNCIAS

Seção que traz a produção de artistas/grupos que utilizam ou utilizaram, em outros períodos e/ou lugares ou de maneiras diferentes, elementos da linguagem enfocada na unidade.

O ARTISTA E SUA OBRA

Seção que traz informações sobre o artista e sobre o contexto de produção da obra.

CD DE ÁUDIO

Sinaliza o momento em que é possível trabalhar com o conteúdo disponível no CD.

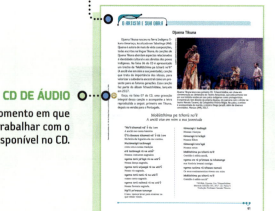

GLOSSÁRIO

No glossário você encontra o significado de palavras destacadas no texto.

INDICAÇÕES

Sugestões de leituras, vídeos, *sites*, CDs e visitas a instituições culturais aparecem ao longo do livro.

ATIVIDADES

Atividades destinadas à reflexão e compreensão dos conteúdos, com base na leitura e interpretação de texto e de imagens.

8

Reprodução proibida. Art. 184 do Código Penal e Lei 9.610 de 19 de fevereiro de 1998.

ÍCONES DA COLEÇÃO

Glossário   Atitudes para a vida

 Indica que existem vídeos, atividades ou outros recursos no **livro digital** ou no **portal** da coleção.

 Indica o momento para a audição de uma faixa do CD de áudio.

COMPREENDER UM TEXTO

Seção com texto citado que trabalha e desenvolve a compreensão leitora.

ATITUDES PARA A VIDA

Aprofunda o trabalho com as Atitudes para a vida, que nos auxiliam a resolver problemas da vida cotidiana, a nos relacionar bem com os outros e a tomar decisões conscientes, de forma criativa e inovadora.

 Este ícone indica o trabalho com as Atitudes para a vida de forma pontual no texto ou em uma atividade.

ATIVIDADES PRÁTICAS

Atividades práticas com base nos conteúdos desenvolvidos na unidade.

ORGANIZAR O CONHECIMENTO

Atividades para recordar os conteúdos abordados ao longo da unidade.

CONTEÚDO DOS MATERIAIS DIGITAIS

O *Projeto Araribá Plus* apresenta um Portal exclusivo, com ferramentas diferenciadas e motivadoras para o seu estudo. Tudo integrado com o livro para tornar a experiência de aprendizagem mais intensa e significativa.

Livro digital com tecnologia *HTML5* para garantir melhor usabilidade e ferramentas que possibilitam buscar termos, destacar trechos e fazer anotações para posterior consulta. O livro digital é enriquecido com objetos educacionais digitais (OEDs) integrados aos conteúdos. Você pode acessá-lo de diversas maneiras: no *smartphone*, no *tablet* (Android e iOS), no *desktop* e *on-line* no *site*:

http://mod.lk/livdig

Objetos educacionais digitais diretamente no seu *smartphone* ou *tablet* para uso *on-line* e *off-line*.

Acesso rápido por meio de qualquer leitor de código *QR*.
http://mod.lk/aa7u1t2

LISTA DOS OEDs DO 7º ANO

UNIDADE	TÍTULO DO OBJETO DIGITAL
1	As posições do balé
2	Trecho de vídeo de sapateado
2	Sons e vozes
3	Fauvismo
3	Trecho de vídeo de mímica
4	Escultura grega
4	Renascimento
4	*Davi*, de Michelangelo

11

SUMÁRIO

UNIDADE 1 — DANÇA: CRIAÇÃO E INTERPRETAÇÃO ... 16

De olho na imagem ... 18
Ivaldo Bertazzo ... 19

TEMA 1 - Dança e composição ... 20
A coreografia ... 20
A influência da cultura indiana ... 21
Atividade ... 21
Dança e música ... 22
Atitudes para a vida: Dançando para se curar ... 23
O papel do coreógrafo ... 24
Atividade ... 24
Os níveis espaciais ... 26
Atividade ... 27
Atividade prática ... 27

TEMA 2 - O balé ... 28
O intérprete ... 28
A origem do balé ... 29
Atividades ... 29
Da corte para os palcos ... 30
O lago dos cisnes ... 31
Outras experiências: A dança e as artes visuais / Os esboços de Degas ... 32
O figurino no balé ... 34
Os movimentos no balé ... 35
Compreender um texto: Associação Fernanda Bianchini, em São Paulo, ensina cegos a dançar balé ... 36
Atividade prática ... 37

TEMA 3 - O intérprete na dança contemporânea ... 38
O intérprete-criador ... 38
Primeiras estórias ... 40
Compreender um texto: "A terceira margem do rio" ... 41
A luz como elemento cênico ... 42
Atividade ... 42
Luz e criação ... 43
A iluminação em espetáculos de diferentes linguagens ... 44
A fantástica baleia engolidora de circos ... 44
O maior menor espetáculo da Terra ... 44
SetBlack ... 45
Atividades práticas ... 46
Organizar o conhecimento ... 47

UNIDADE 2 — O CORPO É UM INSTRUMENTO MUSICAL — 48

De olho na imagem 50
Barbatuques 51

TEMA 1 - A percussão corporal 52
Os instrumentos de percussão 52
A produção de sons com o corpo 54
Outras experiências: A percussão nos sons do sapateado 55
Stomp 56
Atividades práticas 57

TEMA 2 - A voz e o canto 58
O corpo humano e a produção da voz 58
Outras experiências: A "voz" da Terra 59
O canto 60
O artista e sua obra: Djuena Tikuna 61
O canto em dupla 62
Atividade 62
Ao som da viola 63
O pioneirismo da dupla As Galvão 64
A música sertaneja 66
Atividade 66
Do sertanejo raiz ao sertanejo universitário 67
Compreender um texto: Invasão feminina na música sertaneja 68
Atividade prática 69

TEMA 3 - A experiência do canto coletivo 70
O canto gregoriano 70
Monofonia e polifonia 71
Atividade 71
A escrita musical 72
A partitura 73
Outras experiências: Pautas musicais ilustradas 74
Atividade prática 75
Atitudes para a vida: A improvisação musical 76
O canto coral 77
Atividade 77
O artista e sua obra: A regente Dorit Kolling 78
Atividade prática 80
Organizar o conhecimento 81

13

SUMÁRIO

UNIDADE 3 — O CORPO COMO EXPRESSÃO — 82

De olho na imagem 84
   Cia. 2 de Teatro 85

TEMA 1 - Corpo e gestualidade 86
Teatro sem palavras 86
O corpo na criação teatral 87
   Atividades 87
   Espelunca 88
   Outras experiências: O cinema mudo 89
A construção da visualidade 90
   Atividades 90
   O cenógrafo, o figurinista e o aderecista 90
   A proposta visual de *Zigg & Zogg* 91
   Compreender um texto: A linguagem corporal .. 92
   Atividade prática 93

TEMA 2 - A dramaturgia do corpo 94
Alegria de viver 94
   A proposta do grupo 95
   Atividade 95
   O artista e sua obra: Deborah Moreira e George Mascarenhas 96
A mímica 98
   A *commedia dell'arte* 99
   A mímica na atualidade 100
   Atividade prática 101

TEMA 3 - A arte de fazer rir 102
A comédia 102
   As aves 103
   Atividades 103
A comédia satírica 104
   O avarento 105
A comédia de costumes 106
   O juiz de paz da roça 108
   Atividades 109
A comédia de costumes musicada 110
   O cenário 111
   Atividades 111
   Compreender um texto: Ator italiano interpreta mesmo personagem há 55 anos 112
   Atitudes para a vida: Os tipos sociais na comédia 113
   Atividade prática 114
   Organizar o conhecimento 115

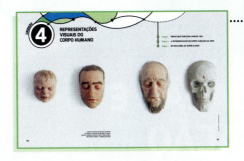

UNIDADE 4 — REPRESENTAÇÕES VISUAIS DO CORPO HUMANO — 116

De olho na imagem 118
   Giovani Caramello 119

TEMA 1 - Obras que parecem ganhar vida 120
As fases da vida 120
   Atividades 120
   A influência de Gustav Klimt na produção de Giovani Caramello 121
   Atividades 121

A produção de uma escultura 122
   O processo de criação de Giovani Caramello 123
   A modelagem 123
   A moldagem 124
   As cópias 124
   A finalização 125

O Hiper-realismo 126
   Duane Hanson 127
   Atividade 127
   O trabalho de Ron Mueck 128
   A monumentalidade das obras 129
   Atividade prática 130

TEMA 2 - A representação do corpo humano na arte 132
A *Vênus de Willendorf* 132
   Atividades 132
   Por que Vênus? 133
   Atividades 133

O corpo e a cultura 134
   O corpo santificado 135
   Corpo e beleza 136
   As esculturas renascentistas 137
   O homem vitruviano 138
   O artista e sua obra: Leonardo da Vinci 139
   Atividade prática 140

TEMA 3 - Do Realismo ao Surrealismo 142
A pintura realista 142
   Atividades 142
   O Realismo 143
   O Realismo no Brasil 144
   A temática regionalista nas obras de Almeida Júnior 145

Imagens além do real 146
   Atividades 146
   O Surrealismo 147
   Técnicas surrealistas 148
   Decalcomania 149
   Esculturas surrealistas 150
   Objetos surrealistas 151
   Atividade prática 153
   Atitudes para a vida: Em busca do inusitado 154
   Organizar o conhecimento 156

Bibliografia 157
Guia do CD 159

ATITUDES PARA A VIDA — 161

UNIDADE 1

DANÇA: CRIAÇÃO E INTERPRETAÇÃO

TEMA 1 DANÇA E COMPOSIÇÃO

TEMA 2 O BALÉ

TEMA 3 O INTÉRPRETE NA DANÇA CONTEMPORÂNEA

Apresentação do espetáculo *Samwaad: rua do encontro*, de Ivaldo Bertazzo, em São Paulo (SP), em 2004.

DE OLHO NA IMAGEM

Apresentação do espetáculo *Samwaad: rua do encontro*, de Ivaldo Bertazzo. São Paulo (SP), 2004.

1. Lembre-se de alguma apresentação de dança a que você já tenha assistido. Tinha alguma semelhança com a imagem desta página? O que era igual e o que era diferente?

   _____
   _____

2. Observando a foto, é possível imaginar o que essa dança quer comunicar ao público? Converse com os colegas sobre algumas possibilidades e depois registre suas ideias.

   _____
   _____

3. O que você diria sobre os movimentos dos dançarinos?

   _____

4. Você já participou de um espetáculo de dança? Em caso afirmativo, usou algum figurino para dançar?

   _____

5. O que você poderia dizer sobre a escolha que o coreógrafo e/ou o figurinista fez para o figurino dos dançarinos da foto?

18

Ivaldo Bertazzo

O profissional da dança que criou as coreografias do espetáculo *Samwaad: rua do encontro* foi o dançarino e coreógrafo Ivaldo Bertazzo. O **coreógrafo** é o profissional que cria e organiza os movimentos que compõem um espetáculo de dança. Você conhece algum coreógrafo? Em caso afirmativo, conte aos colegas como é o trabalho dele.

Ao longo da carreira, Ivaldo Bertazzo tem sido reconhecido por seu trabalho com a **reeducação do movimento**. Esse trabalho visa tornar o ato de dançar mais consciente, menos mecânico, pois proporciona aos dançarinos maior compreensão de sua estrutura corporal.

Ivaldo Bertazzo orienta um grupo de dançarinos. Foto de 2017.

Há mais de trinta anos, Ivaldo Bertazzo tem se dedicado ao desenvolvimento de projetos que envolvem arte, saúde, educação, cultura e cidadania. Nesses projetos, em geral, ele trabalha com crianças e jovens que vivem em comunidades de baixa renda e que têm pouco ou nenhum acesso à arte.

Em seus projetos, Bertazzo costuma reunir pessoas que não são dançarinas profissionais, que ele chama de "cidadãos dançantes". No espetáculo *Samwaad: rua do encontro*, por exemplo, o coreógrafo contou também com um grupo de jovens que nunca havia dançado profissionalmente. Isso também ocorreu no espetáculo *Próximo passo*, retratado na imagem a seguir.

Apresentação do espetáculo *Próximo passo*, de Ivaldo Bertazzo, em São Paulo (SP), 2017.

TEMA 1
DANÇA E COMPOSIÇÃO

A COREOGRAFIA

A imagem reproduzida na abertura desta Unidade mostra uma cena do espetáculo *Samwaad: rua do encontro*. Em apresentações como essa, os integrantes do grupo dançam de acordo com algo combinado e ensaiado previamente; a isso se dá o nome de **coreografia**.

A escolha dos movimentos que compõem uma coreografia tem referência nas opções do coreógrafo e no que ele deseja discutir, refletir e propor ao público. Observe, a seguir, outra foto do espetáculo *Samwaad: rua do encontro*.

As coreografias são elementos fundamentais dos espetáculos de dança. Mas muitas danças não são coreografadas antecipadamente, mas, sim, improvisadas no momento da apresentação enquanto os dançarinos se movimentam. Essas danças recebem o nome de **improvisação**.

Apresentação do espetáculo *Samwaad: rua do encontro*, de Ivaldo Bertazzo, em São Paulo (SP), em 2004.

A INFLUÊNCIA DA CULTURA INDIANA

A palavra **samwaad** é de origem hindu e significa "harmonia do encontro". A presença dessa palavra no título do espetáculo e o figurino da dançarina retratada na foto da abertura da Unidade revelam que Ivaldo Bertazzo teve as danças indianas como referência para desenvolver o espetáculo *Samwaad: rua do encontro*.

Outra palavra que revela a proposta do coreógrafo é *encontro*, pois Bertazzo escolheu trabalhar com elementos de danças indianas tradicionais e com o samba, uma das danças brasileiras mais conhecidas. Assim, nesse espetáculo, há o encontro de duas culturas: a indiana e a brasileira.

Entre as danças indianas pesquisadas pelo coreógrafo para criar *Samwaad: rua do encontro* estão as danças **bharatanatyam** e **kathak**.

Com base em imagens encontradas em esculturas e pinturas feitas em paredes de templos, acredita-se que a dança *bharatanatyam* tenha surgido na Índia há mais de 2 mil anos. Ao longo do tempo, essa dança se preservou, praticada por mestres de dança e dançarinas sagradas, que dançavam a *bharatanatyam* nos templos em rituais de oferendas aos deuses. Na apresentação dessa dança, os dançarinos assumem diversos papéis em uma única performance, que é acompanhada por um grupo musical e pelo mestre de dança, que declama durante a apresentação.

A dança *kathak* tem origem na tradição dos contadores de histórias, que passaram a incluir gestos na contação de histórias a fim de enriquecê-las. Com o passar do tempo, essa prática dos contadores se transformou em dança, levando ao que conhecemos hoje por dança *kathak*.

Oferenda: presente, algo que se dá.
Performance (inglês): atuação, desempenho.

A dançarina Alarmel Valli em *performance* da dança *bharatanatyam*, em Mumbai, na Índia, em 2007.

Alunos de Shovana Narayan, artista indiana expoente da dança *kathak*, em *performance* da dança na comemoração ao Dia Internacional da Dança, em 2017, em Nova Délhi, Índia.

ATIVIDADE

- Você conhece alguma dança que tenha sido coreografada? Pode ser uma coreografia que faça parte de alguma dança popular ou de uma dança criada, por exemplo, por uma banda de música ou que você tenha visto em algum programa de televisão. Comente com o professor e os colegas.

DANÇA E MÚSICA

A dança, ao contrário do que muitos acreditam, não é composta apenas de movimentos. Diferentes sonoridades (incluindo a música) também fazem parte dos processos de composição de uma dança.

Música e movimento são parceiros na dança e são escolhidos de acordo com o que o coreógrafo deseja construir. A sonoridade, portanto, "conversa" com a movimentação dos dançarinos, criando ambientes, gerando sensações e despertando sentimentos. Tente se lembrar de danças de que você gosta e note como a música "conversa" com os movimentos.

O encontro cultural proposto por Ivaldo Bertazzo no espetáculo *Samwaad: rua do encontro* também se evidencia na criação e seleção musical, pois se estabelece um diálogo entre a música indiana e a música brasileira (nesse caso, o samba). Esse diálogo se estendeu também aos músicos que participaram da elaboração da trilha musical, pois nesse espetáculo artistas indianos e brasileiros também entraram em cena, ampliando as possibilidades de criação entre música e dança de diferentes culturas.

Você sabia que muitos músicos e compositores estabelecem parceria com coreógrafos durante o processo de criação de espetáculos de dança? No caso dessas parcerias, a dança e a música se integram desde a criação da obra até a sua apresentação, ou seja, não há imposição da música à dança ou vice-versa, e sim uma criação conjunta.

Apresentação do espetáculo *Samwaad: rua do encontro*, em São Paulo (SP), em 2004. Observe, ao fundo, um grupo tocando instrumentos de percussão.

GAL OPPIDO

ATITUDES PARA A VIDA

Dançando para se curar

Pode ser que você ou um conhecido seu já tenha participado de uma companhia de dança. A maior parte das companhias que monta espetáculos exige que os candidatos a integrá-los se provem capazes de executar os movimentos convencionais da dança. Como você viu, o coreógrafo Ivaldo Bertazzo costuma contar, na montagem de espetáculos, com dançarinos não profissionais, os "cidadãos dançantes". Pessoas sem preparação em dança podem entrar no grupo e desenvolver gradualmente sua capacidade de executar os movimentos da dança, até alcançar os mais complexos, bem como fazer parte do espetáculo.

Ivaldo Bertazzo afirma que o desenvolvimento da **psicomotricidade humana**, que envolve o controle intencional dos movimentos corporais, pode fortalecer a concentração e o raciocínio, assim como ajudar a superar o adoecimento psíquico. Atualmente, no Brasil, uma das principais doenças que atingem a população é a **depressão**. A pessoa que sofre dessa doença tende a se isolar do convívio social e a se sentir incapaz de dar continuidade aos projetos que gostaria de realizar em sua vida. As causas da doença não são simples, assim como o seu tratamento, que, dependendo da condição da pessoa, envolve a combinação de mudanças na rotina e medicamentos.

No espetáculo *O próximo passo*, Bertazzo trabalhou com pessoas que sofriam de depressão com o objetivo de ajudá-las a superar as dificuldades que essa doença impõe à vida. Essa tentativa se sustenta na ideia de que os desafios da montagem de um espetáculo de dança são semelhantes aos desafios do cotidiano.

Psicomotricidade: interação entre os aspectos emocionais, cognitivos e físicos do ser humano, em relação ao seu mundo interno e externo.

Apresentação do espetáculo *O próximo passo*, em São Paulo, em 2017.

QUESTÕES

1. As pessoas que se encontram em estado de depressão muito profundo têm suas forças diminuídas. Frequentemente elas têm muita dificuldade para cumprir tarefas rotineiras e se isolam em seus pontos de vista, assim como têm seu poder de decisão afetado. Por isso, é necessário que essas pessoas recebam ajuda especializada, como a oferecida por psicólogos e por algumas formas de terapia, que podem se associar a técnicas de arteterapia. Tendo em vista essas informações, quais das atitudes para a vida que você conhece mais fazem falta para uma pessoa deprimida? Por quê?

2. Caso você percebesse que uma pessoa que você conhece estivesse passando por uma depressão, qual você acha que seria a melhor forma de ajudá-la? Por quê? Depois de responder, discuta a sua resposta com os colegas e o professor.

O PAPEL DO COREÓGRAFO

Você aprendeu nas páginas anteriores que o coreógrafo é o profissional da dança responsável por criar e organizar os movimentos dos dançarinos em um espetáculo. Observe a imagem ao lado. Nela, o coreógrafo Ivaldo Bertazzo orienta dançarinos em ensaio do espetáculo *Samwaad: a rua do encontro*.

Ao desenvolver a proposta desse espetáculo, Bertazzo utilizou movimentos preexistentes nas danças indianas e no samba. Ou seja, ele não criou nenhum movimento totalmente novo, mas compôs diferentes sequências com base em movimentos que já existiam. Ao longo do espetáculo, essas sequências acontecem em solo (quando apenas um intérprete dança), em duplas ou em grupos. Observe abaixo outra imagem desse espetáculo.

Ivaldo Bertazzo orienta ensaio do espetáculo *Samwaad: rua do encontro*, em São Paulo (SP), em 2004.

Ensaio do espetáculo *Samwaad: rua do encontro*, de Ivaldo Bertazzo, em São Paulo (SP), em 2003.

ATIVIDADE

- O que a linha construída pelos dançarinos retratados na foto acima sugere?

As influências de Ivaldo Bertazzo

Ivaldo Bertazzo começou a dançar aos 16 anos e teve, entre seus professores, os dançarinos Klauss Vianna (1928-1992) e Angel Vianna, que nas décadas de 1950 e 1960 romperam com as estruturas cênicas do balé clássico, trazendo propostas diferenciadas de dança para os palcos brasileiros.

Klauss e Angel Vianna desenvolveram novas práticas de dança com base em estudos de funcionamento do corpo e dos movimentos. Com esse trabalho, eles trouxeram à cena da dança brasileira outras formas de entender o que é dançar. Sobretudo, o casal Vianna trouxe a perspectiva de compreender a dança e o movimento como algo próprio de cada pessoa, que, consciente do que sente e percebe, pode dançar. Essas propostas influenciaram e ainda influenciam muitos artistas brasileiros, como Ivaldo Bertazzo e João Paulo Gross, o qual vamos conhecer ainda nesta Unidade.

Outro aspecto fundamental da formação de Bertazzo é a pesquisa que ele realiza sobre técnicas de dança tradicionais de outros países, como a Indonésia, a Tailândia, o Vietnã, o Irã e a Índia. Essa pesquisa de diferentes culturas influencia os espetáculos criados por Bertazzo, como é o caso de *Samwaad: rua do encontro*, que conhecemos nesta Unidade.

A dançarina Angel Vianna em cena do espetáculo *...Qualquer coisa a gente muda*, com coreografia de João Saldanha. Foto de 2010.

O coreógrafo e bailarino Klauss Vianna em foto de 1992, em São Paulo (SP).

Apresentação do espetáculo *Samwaad: rua do encontro*, de Ivaldo Bertazzo, em São Paulo (SP), em 2004. Na imagem, à frente, a cantora e dançarina indiana Sawani Mudgal.

OS NÍVEIS ESPACIAIS

Observe atentamente a imagem acima. Note que os corpos dos dançarinos estão posicionados em alturas diferentes: enquanto um grupo de dançarinos está abaixado, mais próximo do chão, o outro grupo está de pé, mais distante do chão. Isso ocorre porque, durante uma apresentação de dança, os corpos dos dançarinos podem estar em **níveis espaciais** diferentes: **baixo**, **médio** e **alto**.

Os movimentos realizados no nível baixo são aqueles em que o corpo todo permanece bem perto do chão; os movimentos realizados no nível médio são aqueles em que o corpo se encontra no espaço que ficaria entre a cintura e a cabeça se esse corpo estivesse na posição vertical; e os movimentos realizados no nível alto são aqueles em que o corpo, ou uma parte dele, está no espaço que fica acima da cabeça. Você imagina por que coreógrafos usam diferentes níveis de espaço em seus trabalhos?

ATIVIDADE

- Observe a imagem da página anterior e responda: em que níveis espaciais os dançarinos retratados estão? Por quê?

_____

_____

_____

ATIVIDADE PRÁTICA

- Siga as instruções do professor e as orientações abaixo para participar de uma atividade em que você vai experienciar os níveis espaciais da dança.

   a) Reúna-se com cinco colegas no local indicado pelo professor.

   b) Olhem ao redor e, orientados pelo professor, indiquem os objetos que estão bem perto do chão (nível baixo), na altura da sua cintura (nível médio) e os que estão acima da cabeça de vocês (nível alto).

   c) Caminhem pelo local com seus colegas em direção a esses objetos, olhando-os de diferentes pontos de vista: de longe, de perto, de cima.

   d) Continuem se deslocando em direção aos objetos, mas agora, ao chegarem perto deles, deixem que o corpo acompanhe o nível em que o objeto está. Por exemplo: abaixem-se, curvem o tronco, levantem-se, sempre acompanhando sua trajetória com os olhos. Conversem sobre outros momentos no dia a dia em que vocês descem e sobem o tronco e as pernas.

   e) Agora, a atividade será feita em duplas. Sob a orientação do professor, forme uma dupla com um colega para que vocês dancem juntos. De frente um para o outro, cada um escolhe um nível do espaço para começar a dançar, fazendo uma pausa e mantendo os olhos fixos no outro dançarino. Comecem a dançar no nível do espaço em que estão. A qualquer momento, um dos dançarinos pode mudar de nível de espaço (indo do alto para baixo, por exemplo). O outro dançarino, imediatamente, deve também mudar de nível do espaço, sem desviar os olhos do parceiro. Ao sinal do professor, a dança termina em uma pausa. Conversem sobre a experiência de estarem em níveis diferentes do espaço: quais foram as sensações, lembranças, imagens que tiveram ao dançar.

   f) Sob a orientação do professor, faça uma dupla com outro colega para dançar e realize a mesma proposta anterior. Observe o que acontece com as danças quando outras pessoas participam e repare que sua dança também deve ter-se modificado.

   g) Orientados pelo professor, organizem com os colegas uma roda para que diferentes duplas possam dançar no centro dela.

27

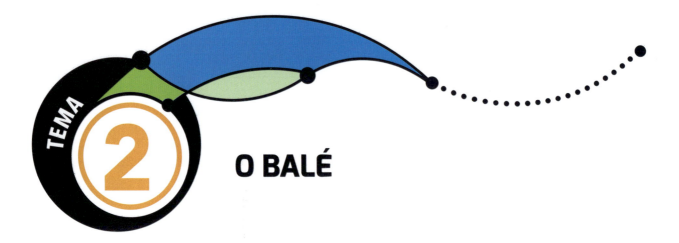

TEMA 2 — O BALÉ

O INTÉRPRETE

Você já ouviu a palavra *intérprete*? Em que situação? Em geral, pensamos em intérpretes como aqueles que ajudam na tradução de alguma língua. Em dança, no entanto, chamamos **intérpretes** aqueles que executam os movimentos de uma coreografia. Ou seja, os intérpretes são aqueles que, em seu corpo, fazem a dança se tornar realidade.

Os intérpretes de dança são frequentemente chamados **dançarinos** e/ou **bailarinos**. A palavra *dançarino* é mais usada para se referir aos intérpretes de dança contemporânea, como no caso dos dançarinos que atuaram no espetáculo *Samwaad: rua do encontro*, que conhecemos no Tema 1 desta Unidade. O termo *bailarino* é uma referência direta ao **balé clássico**, uma das danças mais difundidas em todo o mundo ocidental. Observe a foto a seguir.

Os bailarinos Igor Zelensky e Svetlana Zakharova do Balé Mariinsky, de São Petersburgo, Rússia, durante apresentação do espetáculo *O lago dos cisnes*, em Londres, Reino Unido, 2003.

A ORIGEM DO BALÉ

O balé como o conhecemos hoje teve origem no **balé cortesão**, dança que surgiu, como o nome diz, nas cortes da Europa durante o período denominado **Renascimento**. O Renascimento foi um movimento artístico e cultural que se desenvolveu na península itálica, entre os séculos XIV e XVI, e disseminou-se pela Europa.

Os renascentistas defendiam novas formas de compreender o mundo e valorizavam a razão e a ciência em detrimento dos dogmas da Igreja. Para eles, os interesses humanos deveriam reger o comportamento social, a economia, a política e as práticas culturais de um povo.

Diante dessa visão de mundo, a dança passou a integrar celebrações, como casamentos e comemorações de aniversário, que aconteciam na corte, no interior dos palácios: as chamadas **festas cortesãs**. Foi então que a dança adquiriu caráter de espetáculo, e não mais de socialização, e, assim, nasceu o balé cortesão.

Fachada do Palácio Pitti, em Florença, Itália, em foto de 2012. Acredita-se que esse palácio tenha sido projetado pelo arquiteto e escultor renascentista Filippo Brunelleschi (1377-1446). Residência da poderosa família Médici, o Palácio Pitti foi cenário de grandes festas, com apresentações de balé cortesão.

ATIVIDADES

1. Você já assistiu a uma apresentação de balé? Em caso afirmativo, comente com os colegas e o professor o que achou do espetáculo.

2. Descreva a foto da página anterior. O que mais chamou sua atenção?

3. Você consegue imaginar qual seria o enredo do espetáculo retratado na foto? Descreva-o.

DA CORTE PARA OS PALCOS

Durante o século XIX, houve o aprimoramento das técnicas do balé e das vestimentas utilizadas pelos bailarinos. A **sapatilha de ponta** foi criada nessa época, conferindo ao corpo das bailarinas uma postura mais esguia e movimentos mais alongados, elevados e leves. Com esses movimentos, as bailarinas podiam representar melhor personagens das histórias românticas, como fadas, feiticeiras e seres etéreos. Em função dessas propostas cênicas, foram desenvolvidos diversos efeitos cenográficos e de iluminação, surgindo o chamado **balé romântico**.

Romântico: relativo ao Romantismo, movimento artístico, filosófico e político iniciado na Europa no fim do século XVIII e caracterizado pela valorização do sentimentalismo, da originalidade, das tradições históricas e dos modelos nacionais.

Foyer de dança da Ópera da rua Le Peletier (1872), de Edgar Degas. Óleo sobre tela, 32,7 × 46,3 cm. Museu D'Orsay, Paris, França.

Ao longo do século XIX, o balé se desenvolveu em diferentes países, como a Itália, a França e a Rússia, fazendo surgir novos coreógrafos que migravam de um país a outro aperfeiçoando e trazendo mudanças para essa dança. O bailarino francês Marius Petipa (1818-1910), por exemplo, atuou no Teatro Imperial Russo e foi um dos coreógrafos de *O lago dos cisnes*, espetáculo retratado na página 28. As coreografias que compõem esse espetáculo foram desenvolvidas com base em uma música do compositor russo Piotr Tchaikovsky (1840-1893). Ouça, na faixa 01 do CD, um trecho de *O lago dos cisnes* e conheça um pouco dessa narrativa na próxima página.

Além de *O lago dos cisnes*, Marius Petipa criou outros espetáculos com base em músicas de Tchaikovsky, como *A bela adormecida* (1890) e *O quebra-nozes* (1891-1893).

O LAGO DOS CISNES

A peça de balé *O lago dos cisnes*, que foi baseada em contos populares russos, conta a história de Odette, jovem que, após ser enfeitiçada, durante o dia se transforma em cisne e, à noite, retoma a forma humana. Leia o texto reproduzido a seguir.

"[...] *O lago [dos cisnes]* narra a história de uma princesa, Odette, transformada num cisne pelo feiticeiro Rothbart. Só da meia-noite até o amanhecer ela tem forma de gente. Para quebrar esse feitiço, um jovem terá de lhe fazer juras de amor eterno.

O príncipe Siegfried, no meio de uma caçada, encontra o lindo cisne, que se transforma numa linda moça. Apaixona-se por ela e declara seu amor.

Uma grande festa vai comemorar o aniversário do príncipe, que nessa ocasião terá de escolher uma noiva. No baile, Siegfried recusa todas as pretendentes. Até que chega Rothbart, o feiticeiro, disfarçado de nobre e acompanhado de sua filha Odile, que ele fez ficar parecida com Odette.

O príncipe é enganado e faz nova jura de amor. Só então se dá conta de que ainda não soou meia-noite e que aquela, portanto, não pode ser Odette. Corre para o lago e a encontra desolada. Rothbart provoca uma tempestade, Siegfried protege Odette e jura morrer com ela. A magia é quebrada, e o reino de Rothbart desmorona."

BOGÉA, Inês. *O livro da dança*. São Paulo: Companhia das Letrinhas, 2002, p. 31. (Coleção Profissões.)

Bailarinas do Balé da Cidade de San Diego interpretam Odette e Odile em apresentação do espetáculo *O lago dos cisnes*, em San Diego, Estados Unidos, em 2014.

PARA LER

- ***O lago dos cisnes***, de Piotr Tchaikovsky. São Paulo: Vergara & Riba, 2014.

  Esse livro, adaptado especialmente para o público juvenil, conta a história de Odette, princesa que, após ser enfeitiçada pelo feiticeiro Rothbart, durante o dia se transforma em cisne e, à noite, volta à forma humana. *O lago dos cisnes* é uma das obras mais importantes de Tchaikovsky. O livro também traz uma breve biografia do autor.

OUTRAS EXPERIÊNCIAS

A dança e as artes visuais

Alguns artistas escolheram a dança como tema de suas obras de arte. Entre um dos mais importantes desses artistas está Edgar Degas (1834-1917), representante do Impressionismo, importante movimento artístico surgido na França na segunda metade do século XIX.

Degas representou as bailarinas em cerca de mil de seus desenhos, pinturas e esculturas. Além de espectador, o artista frequentava os bastidores e as salas de ensaios do teatro Ópera de Paris, na França. É dele a pintura *Foyer de dança da Ópera da rua Le Peletier*, reproduzida na página 30.

Observe, a seguir, outro trabalho em que o artista retratou bailarinas.

Bailarina (c. 1880), de Edgar Degas. Pastel e carvão sobre papel, 48,9 × 31,8 cm. Museu Metropolitano de Arte, Nova York.

Para representar as bailarinas em suas obras, Degas observava as posições e os movimentos executados por elas enquanto estavam em atividade antes de entrarem em cena (nos bastidores e em ensaios).

Você conhece as posições do balé? Veja nos vídeos as cinco posições dos pés e braços usadas no balé clássico.

As posições do balé

Nos vídeos, além de conhecer as cinco posições do balé clássico, você poderá ver uma sequência coreográfica montada a partir dessas posições. Disponível em <http://mod.lk/aa7u1t2>.

32

Os esboços de Degas

Muitos artistas visuais fazem desenhos iniciais das obras que vão produzir. Esses traçados são chamados **esboços** ou **estudos** e constituem uma das fases do processo criativo.

Antes de produzir suas pinturas e esculturas, Degas realizava estudos. A escultura ao lado, intitulada *Bailarina de 14 anos*, por exemplo, resultou de uma série de desenhos produzidos por Degas.

Degas recebeu influência da fotografia, que tinha sido inventada nas primeiras décadas do século XIX, e utilizou esse recurso para registrar o transitório e o instantâneo, conferindo ainda mais realismo às suas produções.

Bailarina de 14 anos (1880), de Edgar Degas. Escultura de bronze com policromia e tecido, 99 cm. Museu de Arte de São Paulo Assis Chateaubriand.

Bailarina ajusta a alça do figurino (c. 1895-1896), de Edgar Degas. Fotografia, 58,8 × 46,3 cm. Biblioteca Nacional da França, Paris, França.

Três estudos de uma dançarina (c. 1878-1881), de Edgar Degas. Giz sobre papel, 47 × 62,3 cm. Coleção particular.

- Observe novamente a imagem da escultura *Bailarina de 14 anos*. Você percebe nessa escultura alguma sugestão de movimento? Em caso afirmativo, em que detalhes da escultura se pode perceber isso?

O FIGURINO NO BALÉ

Observe as vestimentas das bailarinas retratadas nas imagens das páginas 28 e 31. Veja, agora, a foto desta página e perceba que a bailarina retratada usa o *tutu*, uma vestimenta similar à utilizada pelas bailarinas das outras fotos.

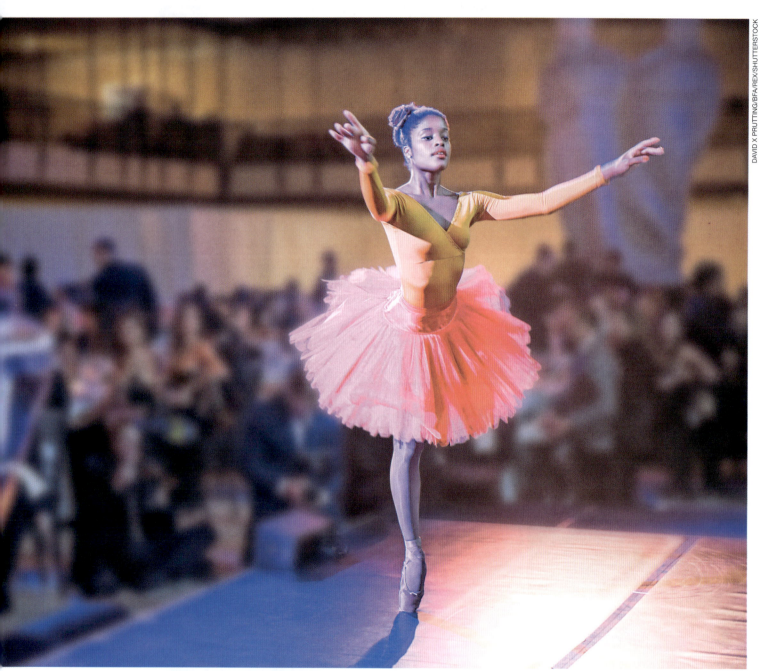

A bailarina brasileira Ingrid Silva se apresenta em Nova York, Estados Unidos, em 2014. Ingrid Silva usa o *tutu* nessa apresentação.

O *tutu* é composto de uma saia feita de um tecido leve chamado *tule*. Criado no início do século XIX, o *tutu* foi muito importante para dar maior liberdade de movimentos às bailarinas. Antes da invenção do *tutu*, as bailarinas se apresentavam usando saias longas.

Ao longo dos anos, a saia do *tutu* foi ficando mais curta para que a movimentação das bailarinas pudesse ser vista com maior precisão.

34

OS MOVIMENTOS NO BALÉ

As bailarinas retratadas na imagem desta página mostram características básicas das coreografias do balé: a harmonia, a simetria e a leveza. Outra característica comum das peças de balé clássico são os **movimentos em uníssono**, em que os bailarinos fazem os mesmos movimentos – ou seja, iguais – e ao mesmo tempo.

Integrantes do Balé de Novosibirsk durante apresentação em Moscou, Rússia, em 2010.

Além dos movimentos em uníssono, são realizados movimentos em oposição e em sucessão. Os **movimentos em oposição** são realizados por dois bailarinos ou grupos de bailarinos que se posicionam em lados opostos do palco. Os **movimentos em sucessão**, por sua vez, são realizados em "efeito cascata". Ou seja, a mesma sequência de movimentos é realizada em tempos diferentes.

Bailarinos da Companhia de Balé Australiano se apresentam em *O lago dos cisnes*, em Londres, Reino Unido, em 2016. A imagem mostra os bailarinos em movimento de oposição.

COMPREENDER UM TEXTO

Associação Fernanda Bianchini, em São Paulo, ensina cegos a dançar balé

As bailarinas cegas Geysa Pereira (à esquerda) e Verônica Batista (à direita) ensaiam na Associação Fernanda Bianchini. São Paulo (SP), 2015.

"Quando tinha 15 anos de idade, Fernanda Bianchini visitou o Instituto de Cegos Padre Chico, em São Paulo, e lá se deparou com uma questão que a intrigou: 'será que é possível um cego dançar balé?'. Ainda insegura, ela confiou no conselho dos pais, que a acompanhavam, quando eles disseram que ela não deveria dizer não para um desafio. Atualmente, a Associação Fernanda Bianchini já tem 20 anos de trabalho voluntário com deficientes visuais, motivo de orgulho para a ex-bailarina. [...]

A associação já atendeu mais de 500 alunos deficientes visuais que aprenderam a dançar balé de graça com a metodologia criada por Fernanda. O aprendizado começa com o toque. O aluno toca no corpo do professor ou de outro aluno, para entender e memorizar o movimento. Com o tempo, os bailarinos conseguem dançar apenas com instruções. A associação criou uma companhia profissional de balé, a primeira do mundo para cegos. Bailarinos sem deficiência visual também participam e [auxiliam] quem não enxerga [...].

O grupo já se apresentou na final das Paralimpíadas de Londres, em 2012, e encantou o público.

'Elas prestam muito mais atenção em tudo, elas são muito focadas, têm muito mais objetivo. Cientificamente não está provado que elas tenham audição melhor que a nossa, mas elas prestam mais atenção do que a gente, por isso, conseguem toda a desenvoltura, musicalidade. Quando elas estão no palco, é tudo por meio de comandos sonoros. A gente não quer que a deficiência apareça, e sim a bela arte apareça' completa Fernanda.

A associação oferece cursos gratuitos de balé clássico, sapateado, dança de salão, expressão corporal, para deficientes visuais e também para quem tem outros tipos de deficiência."

Associação Fernanda Bianchini, em São Paulo, ensina cegos a dançar balé. 10 jan. 2015. Disponível em: <http://redeglobo.globo.com/como-sera/noticia/2015/01/associacao-fernanda-bianchini-em-sao-paulo-ensina-cegos-dancar-bale.html>. Acesso em: 25 jun. 2018.

QUESTÕES

1. De acordo com o texto, como os alunos cegos aprendem a dançar?

2. Em sua opinião, de que modo podemos relacionar o trabalho de Fernanda Bianchini com o trabalho desenvolvido por Ivaldo Bertazzo, que conhecemos no Tema 1 desta Unidade?

ATIVIDADE PRÁTICA

- Nesta atividade você vai vivenciar uma sequência de dança em uníssono.
    a) Sob a orientação do professor, forme um grupo com quatro colegas. Com eles você vai experienciar uma sequência de dança em uníssono.
    b) Escolham uma música para acompanhar a dança. E, então, orientados pelo professor, ensaiem a sequência para apresentá-la aos colegas.
    c) Depois, compartilhem com a turma a sequência que vocês ensaiaram. A sequência deve ser feita duas vezes para a turma: uma, de olhos abertos, e outra, de olhos fechados.
    d) Ao final da apresentação de todos, organizem-se em um círculo, sentados, para compartilhar o que acharam dessa experiência de criação em grupo, de dançar em uníssono e de como é dançar de olhos fechados (sem enxergar), tanto para quem dança quanto para quem assiste.

Grupo de alunos fazendo uma sequência de dança em uníssono.

TEMA 3
O INTÉRPRETE NA DANÇA CONTEMPORÂNEA

O INTÉRPRETE-CRIADOR

Na foto abaixo, observamos uma cena do espetáculo de dança *O crivo*, com os intérpretes Daniel Calvet e João Paulo Gross, dançarinos e coreógrafos que têm suas carreiras artísticas ligadas a importantes companhias de dança do Brasil: a Quasar Cia. de Dança (de Goiânia), a Companhia de Dança Deborah Colker e a Staccato (ambas do Rio de Janeiro).

Ao longo da história, os intérpretes de dança ocuparam papéis bem distintos. Até o século XIX, por exemplo, os intérpretes apenas executavam danças criadas por outras pessoas e, além disso, eram valorizadas principalmente suas habilidades físicas. No entanto, a partir do século XX, com o surgimento da dança contemporânea, muitos coreógrafos se tornaram também intérpretes, passando a executar suas criações coreográficas na dança. Esse é o caso de João Paulo Gross, no espetáculo *O crivo*.

O coreógrafo e intérprete João Paulo Gross. Foto de 2018.

Os dançarinos Daniel Calvet e João Paulo Gross em apresentação do espetáculo *O crivo*, em Goiânia (GO), em 2015.

38

A dança contemporânea

Você já ouviu a expressão **dança contemporânea**? No que será que a dança contemporânea é diferente das outras danças?

A **dança contemporânea** não está necessariamente presa a códigos ou a passos predeterminados, mas a um tema, a uma ideia. Por essa razão, em sua maioria, as coreografias não são construídas com base em sequências ou em passos prontos, preexistentes.

Os grupos que se dedicam à dança contemporânea desenvolvem propostas de trabalho que possibilitam a exploração de diferentes movimentos. Essa liberdade na composição dos movimentos leva o dançarino a se tornar um **intérprete-criador** de suas coreografias. Esse é o caso de João Paulo Gross, no espetáculo *O crivo*, no qual ele atua como coreógrafo e dançarino (intérprete).

Observe a foto a seguir. Nela vemos uma cena do espetáculo *Segundo*. Esse espetáculo aborda a complexa temática da mulher e sua multiplicidade de papéis na sociedade contemporânea. Além de atuarem como intérpretes, os dançarinos Gabriel Côrtes e Tainara Carareto são também os criadores desse espetáculo.

Os intérpretes-criadores Gabriel Côrtes e Tainara Carareto se apresentam no espetáculo *Segundo*, em Goiânia (GO), em 2013.

PRIMEIRAS ESTÓRIAS

Frequentemente, a dança contemporânea dialoga com outras linguagens artísticas, trazendo à cena componentes que vão além do movimento (que caracteriza a linguagem da dança). O espetáculo *O crivo*, por exemplo, propõe o diálogo entre a dança e a literatura, em uma conversa estabelecida entre o coreógrafo e os textos do escritor Guimarães Rosa (1908-1967) no cinquentenário de sua morte.

- Você já foi a algum espetáculo de dança que dialoga com outras linguagens artísticas? Em caso afirmativo, qual?

Os dançarinos Daniel Calvet e João Paulo Gross em apresentação do espetáculo *O crivo*, em Ostrava, na República Tcheca, em 2017.

No espetáculo de dança *O crivo*, o coreógrafo João Paulo Gross propõe uma interpretação de três dos 21 contos do livro *Primeiras estórias*, do escritor Guimarães Rosa, publicado em 1962. Nesses relatos, Guimarães Rosa apresenta histórias do sertão e a vida das personagens na busca para superar as dificuldades do cotidiano.

Os movimentos que compõem o espetáculo *O crivo* revelam a forma como o coreógrafo João Paulo Gross compreendeu os aspectos da literatura de Guimarães Rosa e os transportou para a dança. Isso também ocorre em relação à escolha do cenário e do figurino. O cenário de aspecto empoeirado, e os figurinos que parecem manchados e amassados, por exemplo, são elementos da literatura que foram captados pelo coreógrafo e traduzidos para o espetáculo.

COMPREENDER UM TEXTO

Leia um trecho do conto a seguir.

"A terceira margem do rio"

"Nosso pai era homem cumpridor, ordeiro, positivo; e sido assim desde mocinho e menino, pelo que testemunharam as diversas sensatas pessoas, quando indaguei a informação. Do que eu mesmo me alembro, ele não figurava mais estúrdio nem mais triste do que os outros, conhecidos nossos. Só quieto. Nossa mãe era quem regia, e que ralhava no diário com a gente — minha irmã, meu irmão e eu. Mas se deu que, certo dia, nosso pai mandou fazer para si uma canoa.

Era a sério. Encomendou a canoa especial, de pau de vinhático, pequena, mal com a tabuinha da popa, como para caber justo o remador. Mas teve de ser toda fabricada, escolhida forte e arqueada em rijo, própria para dever durar na água por uns vinte ou trinta anos. Nossa mãe jurou muito contra a ideia. Seria que, ele, que nessas artes não vadiava, se ia propor agora para pescarias e caçadas? Nosso pai nada não dizia. Nossa casa, no tempo, ainda era mais próxima do rio, obra de nem quarto de légua: o rio por aí se estendendo grande, fundo, calado que sempre. Largo, de não se poder ver a forma de outra beira. E esquecer não posso, do dia em que a canoa ficou pronta.

Sem alegria nem cuidado, nosso pai encalcou o chapéu e decidiu um adeus para a gente. [...]"

ROSA, João Guimarães. *Primeiras estórias*.
Rio de Janeiro: Nova Fronteira, 2001. p. 79-80.

Estúrdio: estranho, esquisito.
Reger: mandar.
Vinhático: planta que produz madeira amarelada.
Popa: parte de trás de uma embarcação.
Jurar: vociferar, esbravejar.
Propor-se: lançar-se, dedicar-se.
Quarto de légua: medida de distância que equivale a aproximadamente 1.650 m no Brasil.
Beira: margem.
Encalcar: enfiar.
Decidir um adeus: partir para sempre.

QUESTÕES

1. Como era o pai do narrador segundo as pessoas do local onde ele vivia? E na opinião do filho?

2. Como a mãe é descrita no conto?

3. Que decisão tomada pelo pai pode mudar a história da família?

4. Qual é a reação da mãe diante da decisão?

5. Na lembrança do narrador, como é a embarcação encomendada pelo pai?

6. Por que o narrador afirma que não pode se esquecer do dia em que a canoa ficou pronta?

41

A LUZ COMO ELEMENTO CÊNICO

Observe, mais uma vez, a foto da página 38. Note que há um foco de luz projetado sobre os intérpretes, em especial sobre as costas do dançarino que está abaixado. Essa foto mostra que a dança, ao contrário do que a maioria das pessoas acredita, não é "apenas" movimento. Além dele, existem outros componentes importantes que fazem parte da criação de um espetáculo de dança. Um desses componentes é a **luz**.

Um espetáculo de dança resulta de uma rede de relações: entre os movimentos (o que se dança), o intérprete (quem dança) e o espaço cênico (onde se dança). A luz é um dos elementos que compõem o espaço cênico.

Os dançarinos Daniel Calvet e João Paulo Gross em apresentação do espetáculo *O crivo*, em Goiânia (GO), em 2015.

ATIVIDADE

- Observe a imagem reproduzida nesta página. De que maneira a luz é utilizada? Que sensações essa imagem desperta em você?

_____
_____
_____
_____

LUZ E CRIAÇÃO

A criação da luz em um espetáculo de dança pode despertar os sentidos e guiar a imaginação do público. A luz cria um ambiente e provoca nos espectadores sensações como a do passar do tempo. Para isso, são utilizados elementos como lâmpadas de diferentes cores, variações na intensidade da luz e variação nos focos iluminados.

Na foto reproduzida na página anterior, por exemplo, a luz projetada sobre os dançarinos remete ao sol escaldante do sertão. Desse modo, a luz contribui para que os espectadores possam construir diferentes interpretações e leituras.

Observe as imagens desta página. Quais as diferenças de utilização da luz no espetáculo *O crivo* que você identifica?

Os dançarinos Daniel Calvet e João Paulo Gross em apresentação do espetáculo *O crivo*, em Goiânia (GO), em 2015.

Os dançarinos Daniel Calvet e Andrey Alves em cenas do espetáculo *O crivo*, em Joinville (SC), em 2015.

Os dançarinos Daniel Calvet e João Paulo Gross em cenas do espetáculo *O crivo*, em Ostrava, na República Tcheca, em 2017.

O profissional que cria e executa os efeitos de luz de um espetáculo chama-se **iluminador**. No espetáculo *O crivo*, o trabalho de criação da luz foi feito pelo iluminador Rodrigo Rodovalho.

43

A ILUMINAÇÃO EM ESPETÁCULOS DE DIFERENTES LINGUAGENS

A iluminação cênica também constitui um elemento fundamental nos espetáculos de outras linguagens, como o teatro e a música. Aurélio Oliosi é um profissional que, desde 1994, tem se dedicado a projetos de iluminação de espetáculos de diferentes linguagens. Veja a seguir imagens de diferentes projetos desenvolvidos por ele.

A FANTÁSTICA BALEIA ENGOLIDORA DE CIRCOS

Três palhaças são engolidas por uma baleia. E agora? Nesse espetáculo, para o trabalho de iluminação, o artista Aurélio Oliosi usou a cor lavanda (para representar o estômago da baleia) e, no fundo do teatro, foram instaladas luzes paralelas para representar as costelas do animal. Pequenas lanternas e luzes azuis foram dispostas no chão para simular os efeitos da água e o interior do corpo de uma baleia.

O iluminador e fotógrafo Aurélio Oliosi. Foto de 2016.

As atrizes Érika Freitas, Mariana Rabelo e Florencia Santángelo em cena do espetáculo *A fantástica baleia engolidora de circos*, da Cia. Fritas, no Rio de Janeiro (RJ), em 2013.

O MAIOR MENOR ESPETÁCULO DA TERRA

Esse espetáculo remonta aos circos de pulgas, uma tradição da Europa dos séculos XVIII e XIX. Nele, pulgas invisíveis realizam números circenses, provocando a imaginação do público.

Para criar a iluminação cênica desse espetáculo, a ideia foi reproduzir, no pequeno picadeiro no qual as pulgas se "apresentam", elementos da iluminação presentes no palco onde os atores fazem o jogo cênico com a plateia.

Há uma ribalta em miniatura e luzes para preencher com cor e criar os diversos climas da apresentação. Tudo o que existe no picadeiro é reproduzido em escala natural no palco. Assim, a ideia é de um ambiente único, em que pulgas e humanos interagem e colaboram para o espetáculo.

O ator Álvaro Assad em cena do espetáculo *O maior menor espetáculo da Terra*, do Centro Teatral Etc. e Tal. São Paulo (SP), 2011.

SETBLACK

Em uma apresentação dessa banda vocal, a luz foi planejada para "guiar" os olhos do espectador para o que fosse importante em determinado momento. Nessa apresentação, a ideia era valorizar o solo vocal, ou seja, o momento em que um trecho da música é cantado por apenas um integrante da banda. A iluminação feita em camadas possibilitou aproximar ou afastar do solista o olhar do espectador.

Cena da apresentação do grupo musical SetBlack. Rio de Janeiro (RJ), 2016.

ATIVIDADES PRÁTICAS

1. Agora, você vai realizar uma atividade de dança com base em um trecho do livro *Grande sertão: veredas*, de Guimarães Rosa. Nesta atividade, você vivenciará a experiência de atuar como intérprete-criador.

   a) Leia o trecho a seguir com os colegas e o professor.

   > "Diadorim e eu, nós dois. A gente dava passeios. [...] Diadorim acendeu um foguinho, eu fui buscar sabugos. Mariposas passavam muitas, por entre as nossas caras, e besouros graúdos esbarravam. Puxava uma brisbisa. O ianso do vento revinha com o cheiro de alguma chuva perto. E o chiim dos grilos ajuntava o campo [...]."
   >
   > ROSA, João Guimarães. *Grande sertão*: veredas. Rio de Janeiro: Nova Aguillar, 1998. p. 33.

   b) Para compreender o texto, primeiramente leia o significado dos neologismos (palavras inventadas pelo escritor Guimarães Rosa) e, depois, transcreva do texto outras palavras cujo significado você não conhece. Consulte em um dicionário o significado da palavra que você listou e o transcreva ao lado da palavra.
   Brisbisa: neologismo que reproduz o som da brisa.
   Ianso: barulho do vento.
   Chiim: cricrilar, o canto do grilo.

   _____
   _____
   _____
   _____
   _____

   Depois, converse com os colegas sobre o que você experienciou ao ouvir a leitura desse trecho.

   c) Reúna-se com quatro colegas e, com base na leitura desse trecho, anotem os verbos (ações) presentes no texto. Tentem executar essas ações com o corpo, criando a coreografia de uma dança.

   d) Ainda em grupo, observem outras expressões do texto que sugerem movimento. Brinquem de "dar vida" com o corpo a essas expressões.

   e) Após experimentar e criar bastante, organizem esses movimentos em uma sequência coreográfica. Determinem o início, o meio e o final.

   f) Vocês vão apresentar sua coreografia para a turma e assistir à coreografia dos outros grupos.

   g) Ao final de todas as apresentações, organizem-se em uma roda de conversa e compartilhem com o professor e os colegas a experiência de compor uma coreografia tendo como referência um trecho literário.

2. Nesta atividade, você vai vivenciar a prática da iluminação/luz de uma dança.

   a) Forme uma roda com os colegas e permaneçam sentados em silêncio. Os grupos, um de cada vez, apresentam novamente sua coreografia, agora no centro da roda.

   b) Os alunos que estão sentados em círculo e que assistem à apresentação de um grupo vão usar as lanternas para fazer "a iluminação" da coreografia desse grupo.

   c) Durante essa "iluminação" com as lanternas, observem se ela altera o que está sendo dançado e como isso ocorre.

   d) Converse com os colegas sobre as melhores formas de iluminar as danças e repitam a proposta.

ORGANIZAR O CONHECIMENTO

1. Nesta unidade você conheceu o nome e a função de alguns profissionais da dança como:

   - coreógrafo;
   - intérprete da dança;
   - intérprete-criador;
   - iluminador.

   Complete as frases sobre cada um desses profissionais:

   O nome dado ao profissional que cria e executa os efeitos de luz é _____.
   Se você errou essa resposta, retome a leitura da página 43.

   Aquele que executa os movimentos de uma coreografia é o _____.
   Se você errou essa resposta, retome a leitura da página 28.

   O profissional da dança responsável por criar e organizar os movimentos que compõem um espetáculo

   é o _____.
   Se você errou essa resposta, retome a leitura da página 19.

   Criar a coreografia e executá-la é a função do _____.
   Se você errou essa resposta, retome a leitura da página 38.

2. Escreva (V) verdadeira ou (F) falsa nas afirmativas a seguir.
   ( ) Os movimentos, o intérprete, o espaço cênico e a luz são elementos que compõem um espetáculo
       de dança.
       Se você errou essa resposta, retome a leitura do tópico "A luz como elemento cênico".

   ( ) Coreografia é o conjunto de movimentos de um espetáculo de dança, não combinados e não ensaiados
       previamente.
       Se você errou essa resposta, retome a leitura do tópico "A coreografia".

   ( ) Dança e música estão historicamente relacionadas e, por esse motivo, muitas parcerias são
       estabelecidas entre coreógrafos e músicos e compositores na criação de espetáculos de dança.
       Se você errou essa resposta, retome a leitura do tópico "Dança e música".

   ( ) No período do Renascimento, a dança passou a adquirir caráter de espetáculo nas festas cortesãs.
       Se você errou essa resposta, retome a leitura do tópico "A origem do balé".

3. Cite 3 características da dança contemporânea.

   _____

   _____

   _____

   _____

   _____

   _____

   Se você errou essa resposta, retome a leitura do boxe "A dança contemporânea".

UNIDADE 2

O CORPO É UM INSTRUMENTO MUSICAL

TEMA 1   A PERCUSSÃO CORPORAL
TEMA 2   A VOZ E O CANTO
TEMA 3   A EXPERIÊNCIA DO CANTO COLETIVO

Integrantes do grupo Barbatuques em apresentação do espetáculo *Ayú*, em São Paulo, em 2018.

DE OLHO NA IMAGEM

Integrantes do grupo Barbatuques em dois momentos da apresentação do espetáculo *Ayú*, em São Paulo, em 2018.

1. Você conhece o grupo retratado nas fotos? A que linguagem artística você acha que esse grupo se dedica?

2. Como você imagina que os integrantes desse grupo produzem os sons das músicas?

3. Ouça, na faixa 02 do CD, uma música do grupo Barbatuques. Depois de ouvir, que elementos você tem para compreender como esse grupo cria suas músicas?

4. Você conhece algum outro grupo musical em que os músicos utilizam o corpo para criar sons ou alguma música dessa maneira? Qual?

Barbatuques

O grupo Barbatuques surgiu em 1995 de uma série de pesquisas e experimentações realizadas pelo músico e compositor Fernando Barba. Uma das técnicas utilizadas pelo Barbatuques é a **percussão corporal**. Essa técnica consiste em obter os sons, por exemplo, batendo as mãos no peito, estalando os dedos, batendo palmas, realizando efeitos vocais etc.

Além de fazer apresentações em que integram sons, movimentos e expressão teatral, o grupo Barbatuques realiza oficinas, nas quais incentiva crianças e adultos a descobrir os sons que podem ser produzidos pelo corpo. O trabalho com percussão corporal auxilia no desenvolvimento da percepção rítmica, da coordenação motora e da criatividade.

Integrantes do grupo Barbatuques. Foto de 2015.

PARA OUVIR

- **Ayú**, do grupo Barbatuques. Núcleo Barbatuques, 2015.

  O CD Ayú contém treze faixas com composições inéditas dos integrantes do Barbatuques e tem a participação de outros músicos brasileiros, como Naná Vasconcelos (1944-2016) e Hermeto Pascoal.

TEMA 1 — A PERCUSSÃO CORPORAL

OS INSTRUMENTOS DE PERCUSSÃO

Observe as duas primeiras fotos desta página. Elas mostram pessoas tocando pandeiro e triângulo, **instrumentos de percussão** muito conhecidos no Brasil. Os instrumentos de percussão são aqueles que soam por meio de batidas, sacudidas ou raspagem. Uma das funções desses instrumentos é proporcionar a base rítmica da música.

Os instrumentos de percussão representam uma família de instrumentos muito antiga na história da humanidade, sendo utilizados por diversas civilizações, desde tempos muito remotos, em danças e rituais, por exemplo.

Instrumentos como o pandeiro, que produzem sons por meio da percussão de uma membrana esticada sobre uma caixa que amplifica o som, são classificados como **membranofones**.

Instrumentos musicais como o triângulo, em que os sons são obtidos por meio da vibração do próprio corpo do instrumento, são chamados **idiofones**.

Ouça o som de cada um desses instrumentos na faixa 03 do CD e tente identificar as diferentes sonoridades.

Alguns instrumentos, como o pandeiro e o triângulo, não produzem sons de alturas definidas, ou seja, ao ouvi-los, não conseguimos diferenciar precisamente os sons produzidos, sejam eles mais agudos, sejam eles mais graves.

Existem, no entanto, instrumentos de percussão que possibilitam produzir diferentes notas da escala musical. Dizemos que esses são instrumentos com alturas definidas. Um exemplo é o xilofone. Observe, ao lado, uma foto desse instrumento e ouça o som de um xilofone na faixa 04 do CD.

O pandeiro é um dos instrumentos que fazem a base rítmica do samba.

O triângulo é um instrumento muito utilizado no forró.

O xilofone é um instrumento de percussão que produz sons de alturas definidas. Ele pode ser produzido com diversos materiais. Na foto, um xilofone de bambu.

52

Instrumentos de percussão nas culturas indígenas

Há diversas culturas indígenas no Brasil e, consequentemente, as músicas e os instrumentos musicais indígenas são também muito variados.

Os instrumentos de percussão ocupam papel de destaque na produção musical dos grupos indígenas brasileiros. Em geral, eles são produzidos com elementos encontrados na natureza, como bambu, cipó, palha, sementes e grãos.

Um dos mais tradicionais instrumentos de percussão indígenas é o **chocalho**. O som desse instrumento é geralmente produzido por sementes, pedras ou outros materiais que percutem no interior de uma cabaça. Os chocalhos podem ser amarrados ao corpo, como pulseiras ou tornozeleiras. Nesse caso, o som é produzido por meio dos movimentos corporais. Eles também podem estar separados do corpo e, nesse caso, são tocados com as mãos.

Cabaça: fruto do cabaceiro, de casca dura, usado para a fabricação de diversos objetos.

Maracá (chocalho tocado com as mãos) produzido pelos Kayapó. Museu do Estado de Pernambuco, Recife (PE).

Chocalho de pequi produzido pelos Panará, que vivem em Mato Grosso e no Pará.

Outro instrumento de percussão tradicional nas culturas indígenas é o **tambor**. Nesse instrumento, o som é percutido pelo toque das mãos, dos pés ou de baquetas.

Na produção dos tambores são utilizados diferentes materiais. O corpo dos tambores mais comuns é feito de cerâmica ou de madeira e, na extremidade (em uma ou nas duas, conforme o tipo de tambor), é usado um tecido natural ou artificial.

Tambor com baquetas produzido pelo povo Ka'apor, que vive no Maranhão. Museu de Arqueologia e Etnologia da Universidade de São Paulo (MAE-USP), São Paulo (SP).

- Classifique os instrumentos mostrados nesta página como membranofones e idiofones.

_____

_____

A PRODUÇÃO DE SONS COM O CORPO

O grupo Barbatuques desenvolve uma proposta inovadora de criação musical. Os integrantes do grupo compõem as músicas a partir dos sons produzidos pelo corpo. O principal "instrumento musical" utilizado pelo grupo é o corpo.

Uma das técnicas utilizadas pelo Barbatuques é a **percussão corporal**. Essa técnica consiste na obtenção de sons por meio de batidas no peito, estalos com os dedos, bater de palmas, efeitos vocais etc. Veja as fotos a seguir.

Integrantes do grupo Barbatuques. Foto de 2018.

OUTRAS EXPERIÊNCIAS

A percussão nos sons do sapateado

Dança e música estão historicamente relacionadas desde os primórdios da humanidade. É por isso que constantemente atrelamos e associamos a dança à música, achando que aquela não acontece sem esta. Entretanto, existem danças que podem ser executadas sem música; algumas, inclusive, têm a percussão corporal como elemento central. Um exemplo é o **sapateado**.

No sapateado, os dançarinos batem com os pés no chão de forma sincronizada, com o objetivo de produzir um som ritmado. Por essa razão, afirma-se que o sapateado é uma forma de arte tanto corporal quanto sonora. Veja no vídeo indicado.

Trecho de vídeo de sapateado

Trecho do filme musical *Melodia da Broadway* (1940), de Norman Taurog, em que os atores e dançarinos Fred Astaire e Eleanor Powell realizam uma sequência coreográfica de sapateado.
Disponível em <http://mod.lk/aa7u2t1>.

Integrantes do grupo Centro Coreográfico Leandro Netto, de Fortaleza (CE), apresentam espetáculo de sapateado no Festival de Dança de Joinville (SC), em 2014.

Integrantes do Studio Sá Pateia, de Brasília (DF), em apresentação de sapateado em 2015.

Durante as apresentações de sapateado, os dançarinos calçam sapatos que se tornam um instrumento musical de percussão, ou seja, os sapatos são o elemento responsável pela base rítmica sobre a qual se desenvolve a dança. Para isso, esses sapatos têm um solado de couro no qual há um salto de madeira e chapas de ferro. Veja a foto ao lado.

Para o efeito obtido no sapateado, chapas de ferro são coladas no solado dos sapatos utilizados pelos dançarinos.

STOMP

O grupo Stomp também tem como proposta criar música sem tocar instrumentos musicais convencionais. A palavra inglesa *stomp*, em português, pode significar "pisotear", "bater os pés", e essa é apenas uma das maneiras utilizadas pelos integrantes desse grupo para compor as músicas. Observe a foto reproduzida a seguir.

Integrantes do grupo Stomp em espetáculo no Rio de Janeiro (RJ), em 2015. Observe que os dançarinos utilizam o corpo e vassouras na apresentação.

Observe mais uma vez a foto e note que, além de movimentar os pés, os integrantes do grupo seguram vassouras. Essa é outra característica do Stomp: transformar vassouras, cadeiras, latões de lixo e outros objetos do cotidiano em instrumentos musicais. De forma combinada e sincronizada, os sons produzidos pelos objetos inusitados e a percussão corporal criam ritmos variados.

Criado em Brighton, cidade do Reino Unido, e tendo em sua formação artistas de diversas nacionalidades (inclusive com participação de artistas brasileiros, como Marivaldo dos Santos e Pedro Consorte), os integrantes do Stomp se apresentam dançando, tocando "instrumentos" inusitados e explorando os sons produzidos pelo corpo.

Apresentação do grupo Stomp em Hong Kong, em 2011, em que os integrantes usam o corpo, tampas e latões de lixo e baquetas para dançar e produzir som.

ATIVIDADES PRÁTICAS

1. Tendo como referência o trabalho dos grupos Barbatuques e Stomp, você vai participar de uma atividade de percussão corporal.

   a) Seguindo as orientações do professor, extraia sons de diferentes partes do seu corpo, como as pernas, o abdome, o tórax e os braços. Crie também sons com sopros, estalar de dedos, estalos com a língua e assovios. Escolha um desses sons e compartilhe com os colegas.

   b) Forme um grupo com cinco colegas e criem uma sequência rítmica utilizando sons produzidos com o corpo. Podem ser usados os sons experimentados na etapa anterior. Depois, seguindo as orientações do professor, apresentem essa sequência aos colegas ou façam uma gravação dela.

   c) Escolham uma canção ou um trecho de uma canção que todos conheçam. Verifiquem se a sequência rítmica criada no item **b** se encaixa na canção escolhida. Se não se encaixar, façam adaptações ou criem uma nova combinação rítmica inspirada nos sons corporais descobertos.

2. Agora vocês vão acrescentar novos elementos sonoros à apresentação da atividade anterior.

   a) Depois que tiverem finalizado a apresentação com canto e percussão corporal, pesquisem materiais alternativos com potencial sonoro, como os utilizados pelo grupo Stomp. Vocês usarão esses materiais para compor a criação da atividade anterior com mais elementos. Além de cantar e fazer percussão corporal, poderão usar baldes, cabos de vassoura, garrafas PET, bolas para desenvolver uma nova criação rítmica.

   b) Quando a criação do grupo estiver pronta, apresentem-na para os outros colegas.

   c) Ao final da atividade, reúnam-se em uma roda e compartilhem com os colegas como foi a experiência dessa criação sonora em grupo.

TEMA 2 — A VOZ E O CANTO

O CORPO HUMANO E A PRODUÇÃO DA VOZ

No Tema 1, você descobriu que a voz é um dos elementos que podemos utilizar na criação vocal. Descobriu também que, além de cantar, podemos usar a voz para produzir diversos outros sons que podem se transformar em música.

Para que a voz seja emitida, o corpo humano põe em funcionamento – simultaneamente – diversos órgãos e músculos. Um dos principais órgãos responsáveis pela voz é a laringe, que fica na região do pescoço. Na laringe, há duas pregas vocais. Também conhecidas como "cordas vocais", essas duas pregas, que são compostas de tecido muscular, vibram com a passagem de ar, produzindo o som que se transformará na voz. O tamanho, a espessura e a elasticidade dessas pregas vocais ajudam a definir se as vozes serão mais agudas ou mais graves.

JOHN FEDELE/BLEND IMAGES/GETTY IMAGES

Como está sua voz?

Sua voz está boa e saudável? Faça um teste e veja se ela tem alguma alteração.

As afirmações abaixo são usadas por muitas pessoas para descrever a própria voz e seu efeito na vida. Circule a resposta que indica quanto você compartilha da mesma experiência.

1. As pessoas têm dificuldade para me ouvir por causa da minha voz	0	1	2	3	4
2. As pessoas têm dificuldade para me entender em lugares barulhentos	0	1	2	3	4
3. As pessoas perguntam: "O que você tem na voz?"	0	1	2	3	4
4. Sinto que tenho que fazer força para a minha voz sair	0	1	2	3	4
5. Meu problema de voz limita minha vida social e pessoal	0	1	2	3	4
6. Não consigo prever quando minha voz vai sair clara	0	1	2	3	4
7. Eu me sinto excluído nas conversas por causa da minha voz	0	1	2	3	4
8. Meu problema de voz me causa prejuízos econômicos	0	1	2	3	4
9. Meu problema de voz me chateia	0	1	2	3	4
10. Minha voz faz com que eu me sinta em desvantagem	0	1	2	3	4

(0) Nunca | (1) Quase nunca | (2) Às vezes | (3) Quase sempre | (4) Sempre   TOTAL = ( ) PONTOS

Resultado

Indivíduos com alteração vocal possuem acima de 7,5 pontos [...]. Caso você tenha apresentado tal pontuação, fique atento, pois pode estar em risco para uma alteração vocal. Caso se sinta inseguro com suas respostas, procure um fonoaudiólogo ou médico para esclarecer suas dúvidas.

SOCIEDADE BRASILEIRA DE FONOAUDIOLOGIA. *Folder* da Campanha da Voz 2017. Disponível em: <http://www.sbfa.org.br/campanhadavoz/pdf/folder2017.pdf>. Acesso em: 16 maio 2018.

Sons e vozes

Nesse vídeo você vai conhecer um pouco mais sobre o funcionamento da audição humana e também poderá testar a sua audição e descobrir quantos sons consegue reconhecer. Disponível em <http://mod.lk/aa7u2t2>.

Reprodução proibida. Art. 184 do Código Penal e Lei 9.610 de 19 de fevereiro de 1998.

OUTRAS EXPERIÊNCIAS

A "voz" da Terra

Imagine se a Terra falasse. O que será que ela diria? Para tentar ouvir o que a Terra "fala", o artista estadunidense Doug Aitken, após realizar uma pesquisa por cinco anos, desenvolveu *Sonic Pavilion* (Pavilhão sônico, em português), obra que possibilita aos visitantes ouvir os sons emitidos pela Terra. Essa obra está exposta no Instituto Inhotim, em Brumadinho (MG). Veja as fotos a seguir.

Sonic Pavilion (2009), de Doug Aitken. Pavilhão de vidro e aço, revestido de película plástica, poço tubular de 202 m de profundidade, microfones e equipamento de amplificação sonora. Instituto Inhotim, Brumadinho (MG). A primeira foto mostra uma visão externa da obra e a segunda, uma visão interna.

A obra *Sonic Pavilion* consiste em uma tubulação de 202 metros de profundidade no solo, na qual está instalada uma série de microfones que captam o som do interior da Terra em tempo real, retransmitindo-o por um sistema de amplificação. Esse som é emitido em um espaço onde os visitantes vivenciam uma experiência sensorial auditiva e visual. Ouça, na faixa 05 do CD, um dos sons captados por essa obra.

O CANTO

Ao pensarmos em música, é comum nos lembrar dos intérpretes (cantoras e cantores) das canções de que mais gostamos. Isso ocorre porque, na maioria das vezes, ouvimos muitas músicas vocais, ou seja, aquelas que têm o **canto** como elemento central, com ou sem o acompanhamento de instrumentos musicais.

Algumas pessoas têm a voz mais grave e outras têm a voz mais aguda. Ou seja, há diferenças de altura entre as vozes. Em geral, a voz das mulheres e das crianças é mais aguda que a voz masculina.

Se prestarmos atenção, vamos perceber essa variação de altura entre as vozes dos cantores. Alguns têm a voz mais aguda e outros, a voz mais grave, sejam eles homens ou mulheres. Ouça, na faixa 06 do CD, a voz da cantora e compositora Djuena Tikuna. Ao cantar, Djuena explora uma região vocal intermediária, que se encontra entre a voz feminina mais grave e a voz feminina mais aguda. A esse tipo de voz dá-se o nome de **meio-soprano**. Veja os outros tipos de voz no boxe no final desta página.

A cantora e compositora Djuena Tikuna se apresenta em Manaus (AM), em 2013.

Classificação das vozes

De acordo com a altura, as vozes masculinas podem ser classificadas em **tenor** (mais aguda), **barítono** (intermediária) e **baixo** (mais grave). E as vozes femininas, em **soprano** (mais aguda), **meio-soprano**, também chamada de *mezzo* soprano (intermediária) e **contralto** (mais grave). Essa classificação leva em conta o conjunto de notas que o cantor consegue emitir cantando e a qualidade da emissão.

O ARTISTA E SUA OBRA

Djuena Tikuna

Djuena Tikuna nasceu na Terra Indígena Tikuna Umariaçu, localizada em Tabatinga (AM). Djuena é autora de mais de vinte composições, todas escritas na língua Tikuna. As canções de Djuena Tikuna abordam aspectos relacionados à identidade cultural e aos direitos dos povos indígenas. Na faixa 06 do CD é apresentado um trecho de "Moēütchima pa tchorü no'ē" (A anciã vive em mim a sua juventude), canção que trata da importância dos idosos, para valorizar a sabedoria ancestral como um presente para as futuras gerações. Essa canção faz parte do álbum Tchautchiüãne, lançado em 2017.

Ouça, na faixa 07 do CD, uma gravação integral dessa canção e acompanhe a letra reproduzida a seguir, primeiro em Tikuna, depois na versão para o Português.

Djuena Tikuna lança seu primeiro CD, *Tchautchiüãne*, em *show* em comemoração ao centenário do Teatro Amazonas, que pela primeira vez em sua história recebe em seu palco indígenas como protagonistas. O espetáculo tem direção da própria Djuena, em parceria com o diretor de teatro Nonato Tavares, da Companhia Vitória Régia. No palco, a artista é acompanhada do marido, o músico Diego Janatã, além de diversos convidados. Manaus (AM), 2017.

Moēütchima pa tchorü no'ē
A anciã vive em mim a sua juventude

"*No'ē tchamaã nü' ṽ tiu i ore*
A anciã me conta história

Ü'ü cüwawa tchamaã nü' ṽ tiú i ore
Na beira da fogueira ela me contou.

Nucümaügü tacümagü
como era a nossa tradição

erü tocümagü rü na utüṽ'
Nossos costumes sagrados

ngema torü yü'ügü rü na utü'ṽ
Nossa dança sagrada,

ngema torü wiyaegü rü na utü'ṽ
Nosso rio sagrado,

ngema torü natü rü na utü'ṽ
nosso canto sagrado.

ngema torü naînecü rü na utü'ṽ
Nossa floresta sagrada.

Ngi'ã ye'erawa tanange
E isso, vamos levar para ensinar os que estão vindo.

tümacagü i buãtagü
Nossas crianças

tümacagü ta'acügü
Nossos filhos

tümacagü tata'agü
Nossos netos

Moēütchima pa tchorü no'ē
Gratidão à sábia anciã,

ngema ore rü ye'erawa ta tchanange
sua história levarei comigo.

ngema cucüma rü tchawa namaü
Os seus ensinamentos vivem em mim

Moēütchima pa tchorü no'ē
Gratidão à sábia anciã"

TIKUNA, Djuena. Em: *Tchautchiüãne*. Manaus: Estúdio 301, 2017. CD. Faixa 9. Tradução Professor Sansão Tikuna.

O CANTO EM DUPLA

Quando duas pessoas cantam juntas ao mesmo tempo, elas podem executar a mesma melodia e o mesmo ritmo de forma sincronizada. Assim, essas vozes se fundem e escutamos praticamente como se fosse uma única voz. Musicalmente, chamamos esse modo de cantar de **canto em uníssono**. Na Unidade 1, você aprendeu que a palavra *uníssono* também é utilizada na dança. Você se lembra em que situação?

Há músicas em que as duas vozes não cantam igualmente, cada uma delas canta notas **diferentes** e, portanto, melodias diferentes. Nesse caso, chamamos a melodia principal e, portanto, o cantor que a executa de **primeira voz**, e a melodia que a acompanha e, por extensão, o cantor que a executa de **segunda voz**.

No Brasil, essa formação é muito comum entre os cantores que se dedicam à **música sertaneja**, um dos estilos musicais mais populares do Brasil. Entre os pioneiros da música sertaneja estão João Salvador Perez (1917-1994) e José Salvador Perez (1920-2012), que formavam a dupla Tonico & Tinoco. Ouça, na faixa 08 do CD, uma regravação de uma canção gravada por essa dupla e acompanhe a letra reproduzida a seguir.

A dupla de música sertaneja Tonico & Tinoco, em 1970.

Casa caipira

"Pouco distante da aguada lá no chapadão que vira
Uma casinha barreada de uma família caipira
A cerca de pau a pique logo ao chegar se depara
Dando um quadro todo chique uma porteira de vara.

Um paiol, um galinheiro, um pequenino pomar
Bem no canto do terreiro uma pedra de afiar
Do telhado sobre a beira o sinal da enxurrada
Formado pela goteira no tempo da chuvarada.

No cocho perto da porta come milho o burro baio
Caboclo corta taquara fazendo cesta e balaio
Esse caboclo que é gente, que baixinho cantarola
Recostado no batente ponteia a sua viola."

PIRES, Cornélio; TINOCO. Casa caipira. Em: TONICO & TINOCO. *34 anos de glória*. São Paulo: Chantecler, 1976. Faixa 6.

Aguada: lugar onde há água potável.
Barreada: de paredes cobertas de barro.
Pau a pique: parede feita com ripas e coberta de barro.
Paiol: local de armazenagem de produtos agrícolas.
Cocho: local onde os animais se alimentam.
Baio: de cor castanha.
Taquara: planta de caule oco.
Pontear: dedilhar.

ATIVIDADE

- Após ouvir a regravação da canção "Casa caipira", responda:

  a) Que lembranças ela despertou em você?

  b) Que diferenças você percebe entre as vozes dos cantores?

AO SOM DA VIOLA

Ao longo de sessenta anos de carreira, Tonico e Tinoco gravaram 83 álbuns, e entre as canções mais conhecidas da dupla estão "Tristeza do Jeca" e "Chico Mineiro". Essa dupla se tornou uma das mais conhecidas da música sertaneja do Brasil e até hoje é referência para outros cantores desse estilo musical.

A dupla Tonico & Tinoco popularizou a **moda de viola**, estilo musical que, de acordo com alguns especialistas, deu origem à música sertaneja. A moda de viola é um tipo de canção de ritmo recitativo em que se conta uma história geralmente relacionada a aspectos do dia a dia dos trabalhadores rurais, como o cotidiano dos boiadeiros, os causos e as histórias de amor.

Apresentação de moda de viola em Serro (MG), em 2012.

As modas de viola, em geral, são cantadas em duas vozes acompanhadas pelos solos de **viola caipira**.

A viola caipira é um instrumento musical de cordas um pouco menor que o violão, com cinco ou seis pares de cordas de metal. Os pares de cordas são afinados na mesma nota e tocados juntos, como se formassem uma só corda. Ouça, na faixa 09 do CD, um solo de viola caipira.

A viola caipira originou-se da viola, instrumento criado na Europa e trazido para o Brasil pelos colonizadores.

O PIONEIRISMO DA DUPLA AS GALVÃO

A viola caipira também é o principal instrumento musical utilizado nas canções da dupla As Galvão, uma das primeiras duplas compostas exclusivamente de mulheres e que ganharam espaço e se firmaram na música sertaneja.

Por muito tempo conhecida como Irmãs Galvão, a dupla estreou em 1947 e tem como integrantes as irmãs Mary Zuil Galvão e Marilene Galvão.

Além de cantoras, elas também são instrumentistas; Mary toca acordeão e Marilene, viola. Em 1955, elas lançaram o primeiro disco. Nesse período, a dupla fazia muito sucesso nos programas de rádio e, depois, em programas de música sertaneja na televisão, As Galvão consolidaram seu trabalho e têm em seu repertório mais de trezentas canções gravadas ao longo da carreira.

Ouça na faixa 10 do CD a canção "Magia da viola", composição de Mary Galvão e Mário Campanha, gravada pela dupla As Galvão em 1989.

As Galvão em *show* de comemoração de seus setenta anos de carreira, em 2017, no Teatro Guaíra, Curitiba (PR). Mary toca acordeão e Marilene, violão.

Magia da viola

"Não sei explicar
A estranha magia do teu olhar
Me prende, me agita
Que coisa bonita me falta o ar
Das mãos as carícias
O som da viola me faz transpirar
Me enrosco em teus braços
Buscando a certeza do amor num olhar

Violeiro, meu bom companheiro
Me ajude a rimar
Viola, meus olhos nos olhos
De um bom violeiro me ajude a cantar } Refrão (2×)

Assim sou criança
Mulher esperança, esperando amanhã
Sou vento que se embala
Mulher que se cala eu sou sua fã
Das mãos as carícias
O som da viola me faz transpirar
Me enrosco em teus braços
Buscando a certeza do amor num olhar"

GALVÃO, Mary; CAMPANHA, Mário. Intérpretes: Irmãs Galvão. Em: IRMÃS GALVÃO. *Raízes da música sertaneja*. Rio de Janeiro: Warner Music Brasil, 2000. Faixa 14.

Orquestra Paulistana de Viola Caipira

A Orquestra Paulistana de Viola Caipira foi fundada em 1997. Embora a orquestra contenha outros instrumentos musicais, a viola caipira é o elemento central das apresentações. Todas as músicas do repertório do grupo, inclusive as eruditas, são executadas com esse instrumento.

Os objetivos principais dos integrantes da orquestra são a pesquisa, a valorização e a difusão da cultura caipira. O grupo realiza, por exemplo, a gravação de letras e de arranjos de modas de viola tradicionais como forma de preservá-los.

Apresentação da Orquestra Paulistana de Viola Caipira em São Paulo (SP), em 2013.

Uma das marcas da Orquestra Paulistana de Viola Caipira é a diversidade do repertório. Além de modas de viola, fazem parte do repertório do grupo, por exemplo, canções da Música Popular Brasileira (MPB) e composições de músicos eruditos.

(11) Ouça, na faixa 11 do CD, a interpretação feita pelo grupo do 1º Movimento do 1º Concerto, "Primavera", da peça musical *As quatro estações* (c. 1725), composta por Antonio Vivaldi (1678-1741).

(12) • Ouça agora na faixa 12 do CD uma gravação da versão original do 1º Concerto, "Primavera" da peça musical *As quatro estações*.
Quais são as principais diferenças entre essa versão e a versão da faixa 11?

_____
_____
_____

65

A MÚSICA SERTANEJA

Como vimos nas páginas anteriores, a moda de viola está na origem da música sertaneja. É justamente por isso que, por muito tempo, seguindo a tendência das modas de viola, a música sertaneja caracterizou-se pelas canções cujas letras tratavam do campo e eram acompanhadas por solos de viola. As canções produzidas nessa fase fazem parte do estilo **sertanejo raiz**.

Entre os representantes do sertanejo raiz estão os cantores José Ramiro Sobrinho (1939-2010) e Ranulfo Ramiro da Silva (1942-1999), conhecidos como Pena Branca e Xavantinho. Desde muito cedo, os irmãos Pena Branca e Xavantinho desenvolveram o gosto pela viola e logo começam a cantar em dupla. O primeiro nome da dupla foi Xavante e Xavantinho. O nome Pena Branca e Xavantinho surgiu em 1970 e permaneceu até 1999, quando a dupla deixou de existir após a morte de Xavantinho.

A letra reproduzida ao lado foi composta por Xavantinho. Leia a letra e ouça uma gravação original dessa canção na faixa 13 do CD.

Pena Branca e Xavantinho, em foto de 1987.

Rancho triste

"Seu moço, lá na roça ainda existe
Um ranchinho muito triste
Porque não tem morador
Um dia o lavrador cheio de filhos
Deixou a roça de milho
E pra cidade se mudou.

Pensando ser feliz mais que na roça
Deixou a sua palhoça
Pra morar no arranha-céu
Mas tudo não passou de um sonho antigo
Hoje sem lar, sem abrigo
Desempenha o seu papel.

E a morena tem saudade da viola } Refrão
E o caboclo tem saudade do sertão } (2×)

E hoje, sem terra e sem moradia
Vive na periferia
Solitário e sem razão
Agora nem João, nem Maria
Só revolta todo o dia
Na procura do seu chão.

E aquele rancho triste lá no mato
Espera seu filho nato
Pra de novo ser feliz
A volta pro sertão de um sertanejo
É maior que um desejo
É viver e ser feliz.

E a morena tem saudade da viola } Refrão
E o caboclo tem saudade do sertão." } (2×)

XAVANTINHO. *Rancho triste*. Intérpretes: Pena Branca & Xavantinho. Em: *Pena Branca & Xavantinho*: violas e canções. Vela Produções Artísticas Musicais e Comércio Ltda., 1993. Lado A. Faixa 5.

- Que aspecto social é abordado na canção "Rancho triste"? Seguindo a orientação do professor, discuta essa questão com os colegas de classe. Depois, anote as ideias que vocês discutiram.

DO SERTANEJO RAIZ AO SERTANEJO UNIVERSITÁRIO

Com o passar do tempo, a música sertaneja modernizou-se. A viola passou a dividir espaço com instrumentos como o acordeão, o violão e a guitarra elétrica e as histórias de amor foram se tornando um tema cada vez mais comum das composições.

Influências internacionais também contribuíram para as mudanças ocorridas na música sertaneja. A guarânia, estilo musical tradicional do Paraguai, e o *country* estadunidense, por exemplo, ao longo dos anos, promoveram modificações melódicas e temáticas na música sertaneja.

Ouça, na faixa 14 do CD, as batidas da guarânia e do *country*. Depois, responda: você conhece músicas sertanejas que incorporaram elementos desses estilos musicais?

Na década de 1980, com a formação de duplas como Chitãozinho & Xororó, Zezé Di Camargo & Luciano e Leandro (1961-1998) & Leonardo, a música sertaneja se popularizou ainda mais e se tornou um dos principais produtos da indústria fonográfica brasileira.

Fonográfico: refere-se à reprodução de sons.

Chitãozinho & Xororó em apresentação em São Paulo (SP), em 2018.

A partir do ano 2000, a música sertaneja recebeu novas influências que resultaram no surgimento do **sertanejo universitário**. Esse nome deve-se ao fato de muitas duplas desse estilo musical terem se tornado conhecidas em festivais de música realizados em universidades das regiões Centro-Oeste e Sudeste do país. No sertanejo universitário, diferentes estilos e ritmos, como o *rock*, o axé e o pagode, são combinados com a música sertaneja tradicional.

COMPREENDER UM TEXTO

Invasão feminina na música sertaneja

"[...] Das Irmãs Galvão e Inezita Barroso a Roberta Miranda e Paula Fernandes, a presença feminina no sertanejo sempre se deu de forma esporádica, apoiada mais no talento individual do que numa busca coletiva por espaço. Porém, nos últimos anos as mulheres começaram a dominar as paradas de sucesso do gênero musical que agrada milhões de pessoas de Norte a Sul do Brasil. Esse novo cenário emerge no momento em que o empoderamento feminino e a igualdade entre homens e mulheres ganham força e espaço de discussão na sociedade.

Se pegarmos qualquer lista das canções sertanejas mais tocadas nas rádios do país, com certeza encontraremos *hits* consagrados de artistas como Marília Mendonça, Maiara e Maraísa, Simone e Simaria. [Ao] conquistarem seu espaço num universo até então dominado só por homens, as mulheres já quebrariam um estereótipo e um preconceito. [...]

O sertanejo ganha vozes femininas a cada dia; está crescendo, e isso é bom, ter alguém que represente as mulheres neste universo. Mas isso é só o começo. E a música sertaneja só tem a agradecer."

ROBERTO, Zé. Invasão feminina na música sertaneja. Marília Mendonça, Maiara e Maraisa estão na linha de frente. *Jornal Opção*. 30 jun. 2017. Disponível em: <https://www.jornalopcao.com.br/opcao-cultural/arranjos-sertanejos/invasao-feminina-na-musica-sertaneja-marilia-mendonca-maiara-e-maraisa-estao-na-linha-de-frente-98729/>. Acesso em: 7 maio 2018.

Show da dupla Simone e Simaria em São Paulo (SP), em 2017.

QUESTÕES

1. De acordo com o texto, por que é importante a conquista do universo da música sertaneja pelas mulheres?

2. Como essas conquistas na música sertaneja contribuem para o empoderamento feminino?

A importância do aquecimento

Você já deve ter visto alguém fazer ou até você mesmo pode ter feito alguns alongamentos ou aquecimentos corporais antes ou depois de praticar alguma atividade física. Para despertar o nosso corpo para qualquer atividade física que vamos realizar e também para evitar lesões, são recomendados alguns exercícios para flexibilizar o corpo ou para aquecer os músculos, o que facilita os movimentos.

Como nós cantamos com o nosso corpo, e diversos músculos estão relacionados com essa atividade, também é necessário realizar aquecimentos para flexibilizar a voz e evitar possíveis danos causados por tensões ou mau uso do trato vocal. Leia, a seguir, alguns exemplos de aquecimento vocal.

- Exercícios de respiração que envolvam a sonorização por meio da fricção dos lábios e da língua: *brrrrrrrr*, variando as alturas.
- Recitar trava-línguas em velocidades diferentes, buscando a melhor articulação possível exagerando na dicção.
- Cantar uma canção de maneira confortável do ponto de vista da emissão vocal, isto é, de modo que seja possível cantá-la sem tensões ou desconfortos vocais. Em seguida, caso seja possível, cante novamente a mesma canção explorando timbres variados da sua voz, tanto executando-a de forma mais grave (comumente conhecida como uma voz grossa), quanto mais aguda (comumente conhecida como voz fina).

ATIVIDADE PRÁTICA

- Forme um grupo com sete colegas e, conforme as orientações do professor, sigam os próximos passos para fazer esta atividade de canto.

  a) Organizem uma lista de canções que gostariam de cantar. Façam um estudo da origem e do estilo de cada canção e dos artistas nelas envolvidos (compositores e intérpretes).

  b) Realizem uma votação para escolher uma das canções para apresentar para a classe. Busquem também gravações distintas da mesma canção, caso haja, para terem mais referências.

  c) Agora é hora de ensaiar. Cantem algumas vezes a canção escolhida, para que todos os integrantes do grupo aprendam a letra e a melodia.

  d) Criem algum tipo de acompanhamento com percussão corporal para acompanhar a canção. Essa percussão pode ser acompanhada de uma coreografia, ou seja, de uma série de movimentos previamente estabelecidos por vocês.

  e) Apresentem a canção escolhida por vocês.

TEMA 3
A EXPERIÊNCIA DO CANTO COLETIVO

O CANTO GREGORIANO

Na atividade prática proposta no Tema anterior você viveu a experiência de cantar com seus colegas, formando um pequeno **coro**. Na língua portuguesa, os termos *coro* e *coral* são sinônimos e utilizados para se referir a um grupo de cantores que se apresentam juntos.

Você sabia que o canto coral existe desde a Antiguidade e que já era praticado pelos gregos? A palavra *coro*, por exemplo, teve origem no termo grego *khoros*, que significa "canto em conjunto". Na Grécia antiga, o canto coletivo fazia parte das festas em homenagem ao deus Dionísio e, muitas vezes, era acompanhado de danças e declamações poéticas.

Uma das formas mais tradicionais de canto coral que se desenvolveu ao longo da história e se mantém ainda hoje é o **canto gregoriano**, gênero musical característico dos rituais católicos. Criado na Idade Média, o canto gregoriano recebeu esse nome em homenagem ao papa Gregório I (540-604 d.C.), também conhecido como Gregório, o Grande.

Inicialmente, o canto gregoriano consistia em um estilo de música vocal que utilizava apenas um tipo de voz, com todos os cantores cantando em uníssono, e tinha caráter sereno e calmo. Esse tipo de canto em uníssono e sem acompanhamento instrumental é chamado de *monodia* ou *monofonia*. Ouça um trecho de canto gregoriano na faixa 15 do CD.

Ânfora grega (540-530 a.C.) com figuras negras. Terracota, 41,4 (altura) × 27,2 (diâmetro) cm. Universidade de Canterbury, Nova Zelândia. As figuras representam um coro de uma forma teatral grega antiga.

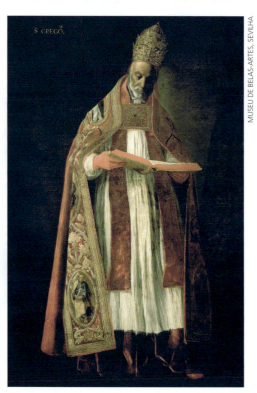

São Gregório, o Grande (século XVII), de Francisco de Zurbarán. Óleo sobre tela, 198 × 125 cm. Museu de Belas-Artes de Sevilha, Espanha.

MONOFONIA E POLIFONIA

Você deve ter percebido na audição da faixa 15 do CD que, no canto gregoriano, há poucas variações de som: não há grandes saltos nem intervalos muito espaçados entre as notas. Por ser constituído de apenas uma melodia, o canto gregoriano é classificado como música **monofônica**.

Coro de frades capuchinhos canta em missa celebrada pelo Papa Francisco na Basílica de São Pedro, no Vaticano, em 2016.

Com o passar do tempo, os músicos cristãos passaram a compor músicas que reuniam mais de uma melodia, chamadas **polifônicas**. Nas músicas polifônicas, várias vozes soam ao mesmo tempo e se combinam em diferentes melodias. Com o desenvolvimento da música polifônica, também surgiu a necessidade de a escrita musical se tornar mais precisa e o ritmo passou a ser registrado nas partituras também com mais exatidão. Ouça a faixa 16 do CD para compreender a diferença entre monofonia e polifonia.

- Ouça novamente a faixa 16 do CD e responda: qual é o instrumento musical utilizado nessa faixa? Você conhece essa música? É a mesma música que está sendo tocada de forma monofônica e polifônica? Converse com um colega sobre essas questões e registre a resposta a seguir.

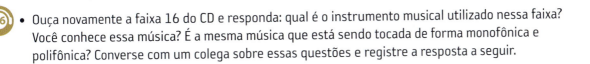

A ESCRITA MUSICAL

Nas suas prováveis origens e durante muito tempo, as músicas estiveram associadas a rituais diversos e eram transmitidas oralmente de uma geração a outra apoiadas apenas na memória coletiva. Nesse momento, não havia a preocupação de que essa transmissão fosse feita de maneira precisa em termos de alturas e durações dos sons, uma vez que a função da música era apenas acompanhar esses rituais.

Com o passar do tempo, porém, em algumas culturas começou-se a ter a preocupação em fixar e transmitir os sons de maneira mais precisa. Para facilitar a transmissão dos conhecimentos musicais, os seres humanos, em determinadas partes do mundo, passaram a criar formas de registrar os sons que ouviam ou imaginavam para posteriormente poder reproduzi-los.

Na Antiguidade, diferentes povos utilizaram formas variadas de registrar os sons. Os gregos, por exemplo, usavam letras do alfabeto para fazer esse registro. Ao longo da história, no entanto, foram sendo desenvolvidas formas mais complexas de registro musical.

Por volta do século IX, na Europa, monges que praticavam o canto gregoriano decidiram inserir pequenos sinais gráficos sobre o texto para indicar as variações de altura da música. Esses sinais eram chamados **neumas**. Depois de algum tempo, os sinais passaram a ser colocados sobre linhas horizontais. Veja um exemplo desse registro na imagem reproduzida a seguir.

Registro musical do século XII. Biblioteca Nacional da França, Paris, França.

A PARTITURA

Os sinais criados pelos monges para representar as notas musicais deram origem, após várias transformações, à **partitura**, registro manuscrito ou impresso utilizado atualmente.

Nas partituras, as notas musicais são representadas por sinais gráficos desenhados sobre cinco linhas horizontais e os espaços entre elas. Essas linhas formam um **pentagrama** ou **pauta musical**. As notas mais graves ficam nas linhas mais baixas e as notas mais agudas, nas linhas mais altas do pentagrama.

A partitura, assim como um texto, deve ser escrita da esquerda para a direita. Veja o exemplo a seguir e ouça a faixa 17 do CD.

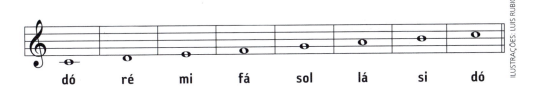

Exemplo de uma pauta musical.

No início de toda partitura existe um símbolo que indica uma nota de referência a partir da qual as demais alturas serão fixadas na pauta e receberão um nome (dó, ré, mi, fá, sol, lá, si). Esse símbolo se chama **clave** e se localiza do lado esquerdo da partitura. A mais utilizada é a **clave de sol**, destacada na imagem a seguir.

Pauta musical iniciada com a clave de sol.

Outras informações que constam em uma partitura são o título da música, o nome do compositor, a indicação do instrumento musical e o **andamento**, ou seja, a velocidade em que a música deve ser tocada. Observe essas informações na partitura reproduzida a seguir.

Pauta musical da canção "Luar do sertão".

OUTRAS EXPERIÊNCIAS

Pautas musicais ilustradas

Os ilustradores russos Alexei Lyapunov e Lena Ehrlich trabalham juntos em uma série de desenhos feitos sobre partituras musicais.

Nesse trabalho, Alexei e Lena ilustram cenas coloridas do cotidiano que, ao se confundirem com os elementos musicais que existem originalmente na partitura (notas musicais, claves, linhas, entre outros), ganham uma nova dimensão, compondo imagens divertidas e inusitadas.

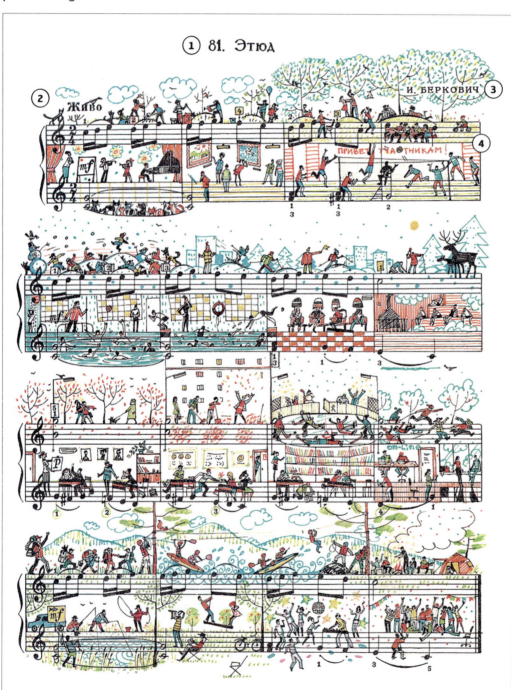

Tradução do russo:
1. Estudo
2. *Allegro* ou Animado.
3. I. Berkovich
4. Boas-vindas aos participantes

Partitura criativa dos ilustradores Alexei Lyapunov e Lena Ehrlich.

Birds on the wires

Em 2009, o músico e publicitário Jarbas Agnelli usou recursos digitais para compor a música *Birds on the wires* (Pássaros nos fios). Para criar essa obra, ele se inspirou em uma fotografia de pássaros sobre fios de alta tensão que viu em um jornal e que o fez associá-la a uma partitura. Veja a seguir uma reprodução dessa foto.

Fotografia de Paulo Pinto publicada no jornal *O Estado de S. Paulo*, em 2009.

No mesmo dia, Jarbas Agnelli decidiu transformar a foto em música e criou uma melodia com base na posição dos pássaros nos fios. Ele desejava ouvir a melodia que os pássaros estariam "criando" no momento daquela foto. Essa obra integrou, em 2014, o Festival Internacional da Linguagem Eletrônica (File), importante evento de "arte e cultura digital" realizado no Brasil.

Veja a seguir uma reprodução do trecho inicial da partitura e ouça a melodia na faixa 18 do CD.

Trecho inicial da partitura criada por Jarbas Agnelli com base na fotografia de Paulo Pinto.

ATIVIDADE PRÁTICA

- Agora que você conheceu alguns aspectos da partitura, que é uma forma de registro musical convencional, vai ter a experiência de fazer um registro musical mais livre. Esse registro se chama **audiopartitura**.

    a) Sob a orientação do professor, ouça com os colegas uma música que vocês tenham escolhido previamente.

    b) Procure fazer um registro gráfico que permita lembrar elementos sonoros marcantes. Esse registro é livre e pode ser feito por meio de desenhos figurativos ou de sinais inventados, por exemplo.

    c) Depois, compartilhe o seu registro com os colegas, mostrando para eles como os elementos desenhados por você remetem aos sons ouvidos.

ATITUDES PARA A VIDA

A improvisação musical

Já aconteceu de você ou alguém que você conhece assobiar ou cantarolar uma melodia qualquer, sem tentar reproduzir uma música em particular? Quando isso acontece, você está experimentando um pouco do que é a **improvisação musical**. Os músicos nem sempre seguem uma composição prévia para entoar uma melodia. Nesses casos, eles criam músicas ao mesmo tempo que tocam seus instrumentos ou cantam, ou seja, eles improvisam.

Essa improvisação não é feita apenas no tempo livre dos músicos, entre uma apresentação e outra. Existem técnicas para aprimorar a capacidade de improvisar melodias e harmonias, e há inclusive músicos que se tornam notáveis por sua capacidade de improvisar para acompanhar diferentes tipos de música. Isso acontece quando, por exemplo, um saxofonista cria um solo para uma canção que já existe enquanto acompanha a apresentação de um grupo musical da qual foi convidado a participar ou quando um cantor faz intervenções inesperadas no meio de uma canção que ensaiou com os instrumentistas que o acompanham.

A prática da improvisação musical é bastante difundida na música popular. Um dos gêneros musicais que mais aproveitam essa técnica que faz coincidirem os momentos de composição e execução é o *jazz*, gênero desenvolvido por negros estadunidenses no início do século XX. Músicos como Miles Davis, Charlie Parker e John Coltrane ficaram muito conhecidos por sua capacidade de criar novas melodias com base em músicas previamente ensaiadas.

O saxofonista Charlie Parker e o trompetista Miles Davis em foto de 1945. Os dois músicos tornaram-se famosos pelo domínio técnico de seus instrumentos e eram conhecidos pela capacidade de improvisar com base em temas famosos de *jazz*. Em meados do século XX, havia clubes em algumas cidades dos Estados Unidos onde músicos de *jazz* se encontravam para improvisar. Nem sempre esses encontros tinham um clima amigável. Havia rivalidades entre alguns músicos, e os novatos eram desafiados a acompanhar composições complexas improvisando, o que exigia bastante conhecimento e prática.

QUESTÕES

1. Reúna-se em um grupo de até seis integrantes. Combinem um ritmo que vocês vão manter constantemente, batendo palmas, percutindo uma vareta sobre a mesa ou fazendo percussão corporal. Um por vez, enquanto todos os outros mantêm o ritmo combinado, cada integrante vai improvisar alguns sons utilizando a voz, objetos que façam barulhos diferentes ou instrumentos musicais, caso alguém saiba tocá-los. Organizem-se de modo que a intervenção de cada um tenha uma duração parecida. Prestem atenção nos sons que cada um emite e procurem relacionar a própria intervenção às intervenções dos colegas. Repitam algumas vezes esse processo, até sentirem que conseguiram produzir os sons que gostariam. Se possível, gravem esse momento, para depois poderem ouvir o resultado.

2. Converse com seus colegas sobre a experiência de juntos improvisarem uma música misturando percussão com outros sons. Quais atitudes para a vida listadas a seguir vocês consideram necessárias para improvisar uma música em grupo. Por quê?

   a) Controlar a impulsividade
   b) Esforçar-se por exatidão e precisão
   c) Questionar e levantar problemas
   d) Imaginar, criar e inovar
   e) Assumir riscos com responsabilidade
   f) Pensar de maneira interdependente

O CANTO CORAL

Você viu que o canto coral é realizado desde os tempos mais antigos e que a escrita ou registro musical da forma que conhecemos atualmente foi criada por pessoas que praticavam uma das formas mais conhecidas de canto coral: o canto gregoriano.

Ao longo dos anos, o canto coral deixou de estar vinculado apenas a celebrações religiosas e surgiram corais com repertórios e formações variados. Atualmente, existem corais que cantam, por exemplo, canções de gêneros populares, como o samba e o *rock*.

Em relação à formação, há corais formados apenas por vozes infantis, somente por vozes de homens adultos, por vozes de mulheres adultas ou ainda os corais mistos. Nos corais, as vozes, em geral, são divididas em quatro grupos: os contraltos, os baixos, os sopranos e os tenores.

O Coral da Universidade Federal de Mato Grosso (UFMT) é um exemplo de coral misto. Fundado em 1980, esse coral, atualmente é formado por contraltos, baixos, sopranos e tenores. Ouça, na faixa 19 do CD, um trecho de uma apresentação desse coral. Dirigido pela regente Dorit Kolling desde 1989, o coral apresenta peças sinfônicas e música erudita, popular e folclórica em línguas variadas.

Regente: quem dirige uma orquestra, coral ou banda; maestro ou maestrina.

A maestrina Dorit Kolling rege o Coral da Universidade Federal de Mato Grosso, na abertura da Temporada Artística e Cultural 2018, em Cuiabá (MT).

ATIVIDADE

- Forme um grupo com três ou quatro colegas e, seguindo as orientações do professor, faça uma pesquisa no seu bairro e em lugares que você frequenta para identificar onde, em geral, as pessoas cantam juntas (igrejas, praças, ONGs) e que tipo de música elas gostam de cantar. Depois, compartilhe suas descobertas em uma data agendada pelo professor.

O ARTISTA E SUA OBRA

A regente Dorit Kolling

Na foto da página 76, você viu uma foto de Dorit Kolling regendo o Coral da UFMT. Dorit nasceu em São Leopoldo (RS) e se graduou em música pela Universidade Federal do Rio Grande do Sul (UFRS). Ela é regente do Coral da Universidade Federal de Mato Grosso e professora nessa universidade. A seguir, leia uma entrevista de Dorit concedida para esta Coleção.

"**Entrevistador:** *Fale um pouco sobre o coral que você rege atualmente: o estilo, os cantores e as apresentações.*

Dorit: *Atualmente, sou regente do Coral da UFMT, um grupo formado por alunos, professores, servidores técnicos, pessoas da comunidade em geral de Cuiabá e Várzea Grande, município vizinho à capital. Desenvolvemos um repertório variado, que vai do regional, passando pelo popular, pelo erudito e também sinfônico, que fazemos em conjunto com a Orquestra Sinfônica da UFMT. O coral realizou inúmeros concertos e já participou de diversos encontros e festivais de coros em diversos estados do Brasil, além de cidades do Uruguai, Argentina e Paraguai.*

Entrevistador: *Qual é a importância da regência para o coral?*

Dorit: *Entendo que o regente é o líder que assume a função de mentor, não apenas técnica, mas também artisticamente, que necessita de condições para fazer prosperar a 'ideia' de desenvolver um trabalho coral. O regente deve 'provocar'/'extrair' dos cantores o elemento expressivo de cada um, o que resultará na expressividade do grupo todo, não 'apagando' as singularidades de cada voz, mas sim construindo o som coral desejado, a partir da multiplicidade de timbres e 'cores vocais'.*

Entrevistador: *O que alguém que queira reger um coral precisa saber?*

Dorit: *Há um importante autor e maestro, Robert Garretson, que referencio nas minhas aulas, que afirma que o regente coral é, em primeiro lugar, um administrador; em segundo, um professor e, finalmente, mas não menos importante, um regente. Assim, considero importante que, na formação e estudo de um regente, ele se dedique a essas áreas. A regência, no meu entender, é uma arte de múltiplas faces que necessita de um complexo trabalho de preparação. Além dos conhecimentos musicais gerais e de uma formação específica, o regente coral deve possuir características próprias de um 'líder', para dinamizar convenientemente o grupo, conduzindo-o firmemente para alcançar os objetivos propostos, que é o de se expressar por meio da música vocal.*

Entrevistador: *O regente coral também pode reger outros tipos de agrupamentos musicais, como bandas e orquestras?*

Dorit: *Se o regente coral tiver formação, pode sim reger outros agrupamentos musicais, como bandas e orquestras. No entanto, o estudo constante e a pesquisa são importantes em qualquer área. Cada tipo de agrupamento (coral, orquestra, banda) possui especificidades, e o regente, para que seja bem-sucedido em seu trabalho, precisa conhecer e estudar essas características. Por exemplo, um regente coral, além de ter os conhecimentos específicos de música, da técnica de regência, precisa conhecer a voz humana, pois ele trabalha diretamente com esta especificidade. Já o regente de orquestra precisa conhecer os instrumentos musicais e suas particularidades.*

Entrevistador: *Como você se prepara para os ensaios?*

Dorit: *O ensaio coral é o momento onde podemos estimular, nos coralistas, capacidades associadas à inteligência, à sensibilidade, à percepção auditiva, à capacidade vocal e ao senso rítmico. Paralelamente, o ensaio deverá dar prazer e relaxamento a cada coralista. Por isso, a preparação minuciosa do regente é de fundamental importância. O regente deve levar em consideração que um coral, em sua maioria, reúne pessoas de diversas características, interesses, habilidades e opiniões.*

Assim, em minha preparação, inicio estudando e analisando as canções a serem ensaiadas, levando em consideração aspectos como a qualidade do texto, o período histórico e o compositor da música. Faço também uma análise da canção, verificando, melodia, ritmo, harmonia, condução das vozes, entre outros aspectos. Estudo cada voz, marcando fraseado, respirações, articulações, dinâmicas, além de fazer o estudo da regência da canção. O estudo e a preparação das canções e o aperfeiçoamento contínuo contribuem para a qualidade do ensaio e, assim, o empenho de cada coralista para uma experiência coral/musical emocionante comum depende da arte, do estudo e da habilidade do regente.

Entrevistador: *O que uma pessoa precisa saber se quiser participar de um coral?*

Dorit: *Cantar em coro traz consigo algumas premissas importantes. Inicialmente, pensamos em participar de um coro pela atividade musical vocal em si. No entanto, há muitas outras premissas e motivações que fazem com que pessoas queiram participar de um coro, como a convivência social, uma vez que é uma atividade integrativa e cooperativa; a expressão emocional da música, uma vez que se trabalha a sensibilidade, a liberação de emoções e sentimentos; a comunicação, pois utilizamos a música para expressar algo. Muitos regentes, e eu me incluo aqui, falam de os coralistas se empenharem nos ensaios e no estudo do repertório como forma de se conseguir montar uma peça ou preparar um concerto. O regente pretende que os cantores, no seu dia a dia, treinem suas vozes, busquem uma afinação mais precisa, uma boa interpretação da canção, busquem dar o seu melhor para somar ao coro. Assim, penso que, acima de tudo, o principal requisito para uma pessoa participar de um coral é a vontade, o compromisso e gostar de música.*

Entrevistador: *Você teria alguma dica para os jovens que têm interesse em se tornar regentes ou musicistas de maneira geral?*

Dorit: *Bem, penso que, assim como para qualquer área profissional, o jovem deve associar o interesse pela área (paixão, gosto, vontade) e o estudo. Tendo em vista essas duas vertentes, o jovem deve dedicar-se para que, com estudo e dedicação, possa se realizar profissionalmente e, no nosso caso, musical e artisticamente. Escolha cursos, escolas e/ou professores de referência, busque sempre participar de grupos musicais, ouça música, vá a concertos e apresentações. Invista em bons instrumentos, materiais e equipamentos."*

Entrevista concedida por Dorit Kolling em junho de 2018 para esta Coleção.

> **Premissa:** ideia da qual se parte para formar um raciocínio.

A maestrina Dorit Kolling rege o Coral da UFMT no espetáculo Carmina Burana, em 2017, em Cuiabá (MT).

ATIVIDADE PRÁTICA

- Reúna-se com os colegas para participar de uma atividade de canto coletivo. Para isso, sigam as instruções abaixo.

    a) De acordo com as orientações do professor, fique em pé, em silêncio. Pressione, com os dedos indicador e médio de uma das mãos, o local de seu pescoço onde se localiza uma das artérias carótidas e sinta com os dedos as batidas de seu coração durante um minuto.

    b) Depois, caminhe pela sala seguindo o ritmo da pulsação de seu coração. Você percebe que o ritmo da caminhada de alguns colegas é diferente do seu?

    c) Quando o professor solicitar, forme uma roda com os colegas. O professor vai criar ritmos que você e seus colegas devem acompanhar batendo palmas ou estalando os dedos. Lembre-se de respirar com tranquilidade.

    d) Em seguida, o professor fará um som usando a boca, que deverá ser imitado por todos os integrantes da roda. Depois, cada aluno poderá sugerir um som diferente para ser imitado pelo grupo.

    e) Para finalizar a atividade, você e os colegas vão escolher uma canção que todos (ou a maioria) conheçam para cantar juntos em roda, marcando o ritmo com os pés ou batendo palmas. Lembre-se de respirar com tranquilidade e deixar seus braços soltos ao longo do corpo durante a execução da canção. Ouça a voz dos colegas enquanto canta e procure perceber quem tem a voz mais grave ou a mais aguda.

    f) Depois que vocês cantarem a canção, converse com os colegas sobre essa experiência que tiveram de cantar juntos.
    Durante a atividade prática, vocês perceberam diferenças e semelhanças entre as vozes dos integrantes do grupo? Escrevam os nomes dos colegas do grupo que parecem ter a voz mais grave e os nomes daqueles que parecem ter a voz mais aguda. Depois, compartilhem a classificação de vocês com os demais colegas de classe.

ORGANIZAR O CONHECIMENTO

1. Escreva verdadeiro (V) ou falso (F) nas afirmativas a seguir.

(   ) A dupla Tonico e Tinoco popularizou a moda de viola e é representante do gênero musical sertanejo universitário.

Se você errou essa resposta, retome a leitura do tópico "Ao som da viola".

(   ) A presença feminina na música sertaneja é muito forte desde suas origens, havendo muitos exemplos de artistas mulheres atuantes nesse gênero, como as Irmãs Galvão e Inezita Barroso.

Se você errou essa resposta, retome a leitura do texto "Invasão feminina na música sertaneja [...]", da seção "Compreender um texto".

(   ) O pandeiro, assim como outros instrumentos que produzem sons por meio da percussão de uma membrana esticada sobre uma caixa que amplifica o som, é classificado como idiofone.

Se você errou essa resposta, retome a leitura do tópico "Os instrumentos de percussão".

(   ) O canto gregoriano pertence a um gênero musical característico dos rituais católicos e recebeu esse nome em homenagem ao papa Gregório I.

Se você errou essa resposta, retome a leitura do tópico "O canto gregoriano".

(   ) Na partitura, as notas musicais são representadas por sinais gráficos desenhados sobre cinco linhas horizontais e os espaços entre elas. Essas linhas formam um pentagrama ou pauta musical. As notas mais graves ficam nas linhas mais baixas e as notas mais agudas, nas linhas mais altas do pentagrama. A partitura, assim como um texto, deve ser escrita da esquerda para a direita.

Se você errou essa resposta, retome a leitura do tópico "A partitura".

2. Em um coro, conforme a altura, as vozes masculinas e femininas recebem classificações diferentes. Complete as questões abaixo classificando as vozes adequadamente.

a) Voz mais aguda masculina: _____

b) Voz intermediária masculina: _____

c) Voz mais grave masculina: _____

d) Voz mais aguda feminina: _____

e) Voz intermediária feminina: _____

f) Voz mais grave feminina: _____

Se você errou essas respostas, retome a leitura do boxe "Classificação das vozes".

3. Nesta Unidade, você conheceu grupos musicais que não utilizam instrumentos convencionais para produzir sons. Mencione um desses grupos e relate o que aprendeu sobre ele.

_____

_____

_____

Se você não se lembra do que estudou sobre esses grupos musicais, retome a leitura do Tema 1 desta Unidade.

UNIDADE 3

O CORPO COMO EXPRESSÃO

ÉLCIO PARAÍSO/BENDITA – CONTEÚDO & IMAGEM

- TEMA 1 — CORPO E GESTUALIDADE
- TEMA 2 — A DRAMATURGIA DO CORPO
- TEMA 3 — A ARTE DE FAZER RIR

Os atores Bruno Caldeira e Gustavo Rizzotti no espetáculo *Zigg & Zogg*, da Cia. 2 de Teatro, em Juiz de Fora (MG), em 2016.

DE OLHO NA IMAGEM

Os atores Bruno Caldeira e Gustavo Rizzotti no espetáculo *Zigg & Zogg*, da Cia. 2 de Teatro, em Juiz de Fora (MG), em 2016.

1. Como é o figurino dos atores que estão em cena retratada na foto acima? O figurino deles faz você lembrar de alguma personagem?

2. Como são as maquiagens dos atores?

3. Você saberia dizer qual é o nome das personagens interpretadas pelos atores retratados?

4. Embora os atores estejam posicionados de modo muito parecido no palco, mencione ao menos três diferenças presentes no posicionamento deles.

5. Para onde está direcionado o olhar dos atores?

Cia. 2 de Teatro

A Cia. 2 de Teatro foi fundada pelos artistas Frederico Magella e Gustavo Rizzotti em 1994. Desde o ano de 2004, o ator Bruno Caldeira também integra a companhia, que já realizou mais de dez espetáculos com foco na linguagem gestual, utilizando recursos da pantomima e técnicas de palhaço. A companhia já se apresentou em países como Rússia, Bulgária, Chile, Argentina e México.

Como forma de explorar ao máximo a expressão corporal dos atores, a Cia. 2 de Teatro propõe espetáculos em que não há o uso de palavras. Em alguns desses espetáculos, a música conduz as ações dos atores. Elementos do cinema mudo, das histórias em quadrinhos e do circo também inspiram as criações do grupo.

Frederico Magella, Gustavo Rizzotti e Bruno Caldeira se revezam em diferentes funções na criação teatral da companhia, como direção, interpretação, produção, entre outras atividades do fazer teatral. Frederico, por exemplo, é conhecido nacionalmente por seu trabalho como produtor teatral e é responsável pelo Festival Internacional de Teatro (FIT) de Belo Horizonte (MG). Gustavo Rizzotti, por sua vez, além de atuar, responde pela direção e pela criação da iluminação e dos cenários de muitos dos espetáculos da companhia.

Frederico Magella, Rio de Janeiro (RJ), 2018.

Bruno Caldeira, Rio de Janeiro (RJ), 2018.

Gustavo Rizzotti, Rio de Janeiro (RJ), 2018.

TEMA 1

CORPO E GESTUALIDADE

TEATRO SEM PALAVRAS

Você consegue imaginar uma peça de teatro que não tenha falas, diálogos? É isso o que ocorre no espetáculo *Zigg & Zogg*, da Cia. 2 de Teatro, que conhecemos nas páginas anteriores. Nessa peça, há apenas as duas personagens retratadas na imagem da abertura, e as cenas acontecem sem que os atores digam uma palavra sequer.

Mas, se os atores não usam a fala, como você acha que eles conseguem se comunicar com o público e apresentar a história desenvolvida na peça? Observe atentamente a foto reproduzida a seguir e formule hipóteses.

Os atores Bruno Caldeira e Gustavo Rizzotti em cena do espetáculo *Zigg & Zogg*, da Cia. 2 de Teatro, em Juiz de Fora (MG), em 2016.

Observe o olhar, os gestos e as expressões faciais dos atores retratados na foto. Você percebe que há certo exagero nos gestos e expressões? A intenção desse exagero é reforçar a ideia que eles desejam transmitir e facilitar a comunicação com o público. Desse modo, na peça *Zigg & Zogg*, a construção dos sentidos acontece pela leitura que o público faz do corpo dos atores em cena.

86

O CORPO NA CRIAÇÃO TEATRAL

Na página anterior você viu que, na cena teatral, a **linguagem corporal** é tão significativa quanto a palavra, ou seja, quanto as falas dos atores. Quando falamos em linguagem corporal, estamos nos referindo a todos os movimentos, a todos os gestos e a todas as pausas e expressões realizados em cena.

As ações corporais realizadas em cena sempre têm uma intenção e o que se espera é que sejam decodificadas, ou seja, interpretadas pelo público. Por exemplo, ao fazer o gesto de levantar o dedo polegar para alguém, estamos querendo dizer que algo está correto e esperamos que a pessoa a quem direcionamos esse gesto entenda. Isso também acontece em uma cena teatral. Observe a foto reproduzida a seguir.

Os atores Gustavo Rizzotti e Bruno Caldeira em cena do espetáculo *Zigg & Zogg*, da Cia. 2 de Teatro, em Juiz de Fora (MG), em 2016.

ATIVIDADES

1. Descreva as ações corporais realizadas pelos atores na cena retratada na foto desta página. Os atores estão fazendo os mesmos gestos e expressões?

2. Qual seria a intenção dos atores nessa cena?

ESPELUNCA

Outro espetáculo em que não há o uso de falas na encenação é *Espelunca*, da Cia. Teatral Milongas. Essa peça apresenta a relação entre o dono (e também garçom) de um restaurante que está à beira da falência e um cliente muito atrapalhado que chega ao estabelecimento. Assim como em *Zigg & Zogg*, essas são as duas únicas personagens do espetáculo.

Veja uma cena de *Espelunca* retratada na foto reproduzida a seguir.

Os atores Adriano Pellegrini (dono e garçom) e Roberto Rodrigues (cliente) em cena do espetáculo *Espelunca*, da Cia. Teatral Milongas, no Rio de Janeiro (RJ), em 2012.

Em *Espelunca*, embora os atores não pronunciem nenhuma palavra, eles exploram a sonoridade em diferentes situações. Em alguns momentos, por exemplo, os atores emitem sons que complementam as ações corporais que realizam. Outro exemplo se dá quando o ator que interpreta o garçom realiza percussão com duas colheres. A proposta desse espetáculo também é desenvolvida com a trilha sonora, composta de **chorinhos**.

O chorinho

O **choro**, ou **chorinho**, é um gênero musical da música popular brasileira, completamente instrumental e caracterizado por um estilo "choroso", em tom de lamento.

A origem do chorinho remonta a cerca de 150 anos atrás, na cidade do Rio de Janeiro, e por influência dos instrumentos de cordas vindos com a corte portuguesa e do lundu, ritmo africano com base na percussão.

Os grupos de choro são constituídos, em geral, por um trio musical: composto pela flauta, responsável pelos solos; pelo cavaquinho, que criava a harmonia musical; e pelo violão, que funcionava como uma espécie de contrabaixo. O pandeiro também é usado para o acompanhamento rítmico. Muitas vezes, também é acompanhado por flautas. O choro consagrou-se como uma importante expressão musical da boêmia suburbana carioca. Ouça, na faixa 20 do CD, uma gravação de "Odeon", chorinho composto por Ernesto Nazareth em 1910.

OUTRAS EXPERIÊNCIAS

O cinema mudo

A arte de representar utilizando apenas gestos corporais também está presente no cinema. Aliás, todos os filmes produzidos até 1927 eram mudos.

No **cinema mudo**, as falas dos atores algumas vezes apareciam em textos inseridos entre uma cena e outra, e as apresentações, geralmente, eram acompanhadas por trilhas musicais executadas por um pianista ou por uma orquestra dentro do cinema. Essas trilhas musicais eram muito importantes, pois ajudavam a criar o clima do filme.

As dificuldades envolvidas na criação de um filme mudo estimularam o surgimento de grandes artistas, cuja principal característica foi o desenvolvimento de um humor físico e de uma capacidade expressiva totalmente apoiada no corpo.

O britânico Charlie Chaplin (1889-1977) foi um dos mais renomados atores do cinema mudo. Chaplin notabilizou-se pelo uso de mímica em filmes de comédia que conquistaram plateias do mundo todo. Criado por Chaplin, Carlitos se tornou um símbolo do cinema mudo.

Comédias do cinema mudo, como as produzidas e estreladas por Charlie Chaplin, estão entre as principais inspirações dos criadores dos espetáculos *Zigg & Zogg* e *Espelunca*.

Charlie Chaplin em cena do filme *Vida de cachorro* (1918).

Charlie Chaplin e Virginia Cherrill em cena do filme *Luzes da cidade* (1931).

A CONSTRUÇÃO DA VISUALIDADE

Em espetáculos como *Zigg & Zogg* e *Espelunca*, a expressão corporal dos atores dialoga com outros elementos visuais, como o **cenário**, o **figurino** e os **adereços**. Esses elementos são responsáveis pela composição da cena e integram o que chamamos de **encenação**.

O **cenário** é formado por elementos visuais, como, móveis, telões e efeitos de luz. Por meio do cenário, é possível caracterizar o espaço (lugar) e o tempo (época) em que transcorre a ação apresentada na peça.

O **figurino** é o conjunto de roupas utilizadas por atores para conferir identidade às personagens representadas. O figurino possibilita que o público perceba e identifique, por exemplo, a época em que transcorre a história e a classe social das personagens retratadas.

Os **adereços** são objetos e acessórios que também compõem o cenário e o figurino. Esses materiais têm muita importância, uma vez que são utilizados como ferramentas expressivas fundamentais para contar uma história. Observe esses elementos na foto reproduzida ao lado.

Os atores Adriano Pellegrini e Roberto Rodrigues em cena do espetáculo *Espelunca*, da Cia. Teatral Milongas, no Rio de Janeiro (RJ), em 2012.

ATIVIDADES

1. Observe a imagem e responda: que elementos visuais são utilizados na construção do cenário? E qual é o espaço construído por esses elementos?
2. Descreva o figurino dos atores. Como esse figurino dialoga com o cenário?

O CENÓGRAFO, O FIGURINISTA E O ADERECISTA

Na análise da imagem desta página, focamos especialmente no cenário, nos figurinos e nos adereços dos atores. Agora, vamos conhecer um pouco sobre os profissionais que, no desenvolvimento de um espetáculo teatral, são os responsáveis pela concepção desses elementos.

O **cenógrafo** é o profissional que cria, projeta e acompanha o processo de construção dos cenários, ou seja, o espaço de atuação dos atores. Por ser uma atividade artística, a cenografia envolve a criação de ambientes que, não necessariamente, imitam a realidade, mas podem, com o auxílio da imaginação, criar lugares diversos.

O trabalho do **figurinista** é o de pensar nas roupas que vestem as personagens em uma montagem teatral, desenhando e supervisionando a confecção dos figurinos que os atores usam em cena.

O **aderecista** cuida da confecção e da aquisição dos objetos cênicos e dos acessórios que se somam ao figurino.

A PROPOSTA VISUAL DE *ZIGG & ZOGG*

O cenário, o figurino e os adereços também são fundamentais para a construção de sentidos no espetáculo *Zigg & Zogg*. Retome a imagem da abertura desta Unidade e veja que os atores estão sentados sobre duas pilhas de jornal. As folhas de jornal constituem o principal elemento cenográfico dessa peça, pois é a partir desse material que se constrói a interação entre os atores.

Inicialmente, as personagens interpretadas por eles apenas leem o jornal, mas com o desenvolvimento da peça, a partir da ação dos atores, as folhas de jornal viram outros objetos, criando novas imagens e novos sentidos. Veja as fotos reproduzidas ao lado.

O figurino dos atores é construído com apenas duas cores (preta e branca) e tem como referência o *clown*, personagem que está na origem do palhaço da maneira que conhecemos na atualidade.

A maquiagem é outro elemento visual que, ao lado do figurino, constrói a identidade das personagens de *Zigg & Zogg*. Observe o rosto dos atores nas fotos desta página. Note como a maquiagem muda propositalmente a fisionomia deles, conferindo exagero às expressões faciais e reforçando o caráter cômico da peça.

Nas fotos, os atores Gustavo Rizzotti e Bruno Caldeira em cena do espetáculo *Zigg & Zogg*, da Cia. 2 de Teatro, em Juiz de Fora (MG), em 2016.

O maquiador cênico

O **maquiador cênico** é o profissional teatral que caracteriza, com o auxílio de maquiagens e penteados, os atores de uma peça. Ele é responsável por criar as maquiagens e, muitas vezes, é também quem maquia os atores.

Nos penteados e maquiagens das personagens, os maquiadores podem fazer uso também de perucas, próteses dentárias ou cílios postiços, pois, em conjunto com a maquiagem, esses elementos compõem e caracterizam as personagens, auxiliando na definição de aspectos como sexo, idade, atividade profissional, classe social, entre muitos outros.

O maquiador utiliza maquiagens diversas em seu trabalho e muitas são semelhantes às que conhecemos, como: batons, sombras coloridas, base, pó compacto, *pancake* coloridos (pasta que mistura base e pó compacto), *blush*, lápis coloridos, entre muitas outras. A maquiagem, no teatro, não se restringe apenas ao rosto dos atores; outras partes do corpo, como mãos, braços e pernas também podem ser maquiados.

COMPREENDER UM TEXTO

A linguagem corporal

"Em termos evolucionários, a fala só passou a fazer parte do nosso repertório em tempos recentes, usada fundamentalmente para transmitir fatos e dados. Estima-se que ela tenha se desenvolvido há cerca de 2,5 milhões de anos, tempo durante o qual o nosso cérebro triplicou de tamanho. Antes disso, a linguagem corporal e os sons produzidos pela garganta eram as principais formas de transmissão de emoções e sentimentos humanos – e continuam sendo até hoje [...].

Albert Mehrabian, pioneiro da pesquisa da linguagem corporal na década de 1950, apurou que em toda comunicação interpessoal cerca de 7% da mensagem é verbal (somente palavras), 38% é vocal (incluindo tom de voz, inflexão e outros sons) e 55% é não verbal. [...]

O antropólogo Ray Birdwhistel, pioneiro do estudo da comunicação não verbal, calculou que, em média, o indivíduo emite de 10 a 11 minutos de palavras por dia em sentenças com duração média de apenas 2,5 segundos e estimou também que somos capazes de fazer e reconhecer cerca de 250 mil expressões faciais.

Tal como Mehrabian, Birdwhistel descobriu que o comportamento verbal responde por menos de 35% das mensagens transmitidas numa conversação frente a frente, mais de 65% da comunicação é feita de maneira não verbal.

O ser humano pode revelar seus sentimentos por meio de expressões faciais.

A análise de milhares de entrevistas e negociações de vendas gravadas durante as décadas de 1970 e 1980 nos mostrou que, no mundo dos negócios, a linguagem corporal responde por 60% a 80% das mensagens transmitidas na mesa de negociação e que as pessoas formam de 60% a 80% de sua opinião sobre um recém-chegado antes de completados os primeiros quatro minutos de conversa. Outros estudos mostram que, nas negociações por telefone, as pessoas que têm os argumentos mais fortes geralmente prevalecem, o que não acontece quando se negocia frente a frente, já que quase todo mundo toma suas decisões finais mais pelo que vê do que pelo que ouve."

PEASE, Allan; PEASE, Barbara. *Desvendando os segredos da linguagem corporal*. Tradução Pedro Jorgensen Junior. Rio de Janeiro: Sextante, 2005. p. 16-18.

QUESTÕES

1. De acordo com o texto, qual é a importância da linguagem não verbal para a comunicação entre os seres humanos?

2. Em que situações do dia a dia você percebe que o corpo "fala"?

ATIVIDADE PRÁTICA

Jogo do Quem?, Onde? e O quê?

Entre os elementos de organização da ação no teatro, três são muito importantes:

Quem? (personagem): quem é a pessoa, animal, coisa etc., ou seja, a personagem; exemplo: enfermeira, professor, surfista etc.

Onde? (espaço cênico/ficcional): onde está a personagem? Ou seja, o lugar onde as personagens estão; exemplo: hospital, sala de aula, praia etc.

O quê? (ação dramática): o que a personagem está fazendo? Ou seja, as ações executadas pela personagem na cena; exemplo: fazendo gesto de pedir silêncio, escrevendo em um quadro negro, surfando etc.

Esse jogo é uma forma eficiente de utilizar as expressões corporais e exercitar seus gestos e suas expressões faciais. Assim como no cinema mudo, vamos experimentar nesse jogo a comunicação apenas com gestos e expressões.

Formem duplas ou trios. O jogo consiste em três rodadas com base nos elementos de organização da ação no teatro.

1ª rodada: Quem?

Cada grupo terá de escolher um *Quem*, ou seja, uma personagem, e representá-la aos demais colegas em uma cena curta e improvisada, utilizando apenas gestos e expressões faciais. Por exemplo: se o *Quem* é um jogador de futebol, os integrantes do grupo podem mostrar uma partida, chutando a bola e fazendo dribles.

Após a conclusão de cada cena, os colegas que observaram a cena deverão falar de *Quem* se tratava. Caso ninguém acerte, o grupo deverá falar de *Quem* se tratava na cena.

A rodada acaba logo após todos apresentarem e comentarem suas cenas.

2ª rodada: Onde?

Cada grupo terá que escolher um *Onde*, ou seja, um lugar, e representá-lo aos demais colegas em uma cena curta e improvisada, exemplificando por meio de gestos e expressões faciais o que é feito nesse *Onde* (lugar). Por exemplo: se o *Onde* for uma cozinha, os integrantes podem fazer os gestos de quem lava a louça, pega algo na geladeira, mexe em uma panela.

Após a conclusão de cada cena, os colegas que observaram a cena deverão falar *Onde* se passavam as ações. Caso ninguém acerte, o grupo deverá falar *Onde* era o lugar representado na cena.

3ª rodada: O quê?

Cada grupo terá que escolher um *O quê*, ou seja, alguma ação, e representá-la aos demais colegas em uma cena curta e improvisada, exemplificando por meio de gestos e expressões o que estão fazendo. Por exemplo: se *O quê* (ação) for pescar, os integrantes podem fazer os gestos de quem está em um barco ou píer, segurando varas de pesca, molinetes, colocando iscas no anzol e puxando os peixes.

Após a conclusão de cada cena, os colegas que observaram a cena deverão falar *O quê* eram as ações. Caso ninguém acerte, o grupo deverá falar *O quê* era a ação representada na cena.

Roda de conversa

Após a conclusão das três rodadas do jogo, sentados ou em pé, formem um círculo e, por meio de uma roda de conversa, discutam sobre a preparação e a realização de cada rodada.

Qual delas foi mais fácil? Qual foi mais difícil? O que foi preciso para realizar o jogo? Como foi ver e tentar compreender os gestos e as expressões faciais dos demais grupos?

Para finalizar, reflita sobre o que aprendeu neste Tema e o que vivenciou ao realizar essa atividade.

TEMA 2

A DRAMATURGIA DO CORPO

ALEGRIA DE VIVER

Observe a foto desta página. Ela mostra uma cena do espetáculo *Alegria de viver*, da Mimus Companhia de Teatro. Formada em 2007, a Mimus se dedica à produção de peças teatrais que, a exemplo das que conhecemos no Tema 1, têm como elemento central a expressão corporal dos atores.

Mas, antes de conhecer mais sobre o grupo, que tal obter mais informações sobre essa peça? Em sua opinião, qual seria a temática dela?

A peça *Alegria de viver* propõe a reflexão sobre o papel do artista e da arte na atualidade. Para isso, são reunidos elementos de um mito grego relatando história de um escultor (Pigmalião) que se apaixona por uma de suas esculturas (Galateia).

O espetáculo *Alegria de viver* também teve como fonte de pesquisa uma pintura de mesmo nome criada pelo pintor francês **Henri Matisse** (1869-1954). Matisse foi um dos principais nomes do **Fauvismo**, movimento artístico que surgiu na França no início do século XX. Esses artistas foram chamados de *fauvistas* por utilizarem as cores de forma livres, com pinceladas largas, para obter efeitos mais expressivos.

Fauvismo

Nesse vídeo, conheça um pouco sobre o movimento fauvista, os pintores representantes desse movimento e as técnicas por eles utilizadas.
Disponível em <http://mod.lk/aa7u3t2a>.

Os atores Deborah Moreira e George Mascarenhas em cena do espetáculo *Alegria de viver*, da Mimus Companhia. de Teatro, em Salvador (BA), em 2011.

94

A PROPOSTA DO GRUPO

A Mimus Companhia de Teatro foi criada pelos atores e pesquisadores Deborah Moreira e George Mascarenhas, que, além de atuar, também exercem outras funções no grupo. No espetáculo *Alegria de viver*, por exemplo, o texto é de autoria de Deborah, e a direção é de George.

Os atores Deborah Moreira e George Mascarenhas em cena do espetáculo *Alegria de viver*, da Mimus Companhia de Teatro, em Salvador (BA), em 2010.

> **PARA ACESSAR**
>
> **Mimus Companhia de Teatro**. Disponível em: <http://www.mimus.com.br/>. Acesso em: 21 maio 2018.
>
> Nesse *site*, é possível conhecer mais sobre os integrantes da companhia, saber quais oficinas e cursos são oferecidos, conhecer os espetáculos e ler a revista *Mimus*, publicação *on-line* sobre mímica e teatro físico.

As peças criadas pelos integrantes da Mimus Companhia de Teatro têm o trabalho corporal dos atores como elemento central. Por essa razão, a mímica – que você conhecerá ao longo deste Tema – é um dos elementos que eles pesquisam e levam para o palco em seus espetáculos. No entanto, diferentemente do que acontece nos espetáculos que conhecemos no Tema 1, além da expressão corporal, a fala também é utilizada pelos atores da Mimus na interpretação.

Nas próximas páginas é apresentada uma entrevista em que Deborah Moreira e George Mascarenhas falam da experiência vivenciada no espetáculo *Alegria de viver* e apresentam mais informações sobre a Mimus Companhia de Teatro.

ATIVIDADE

- Forme um grupo com 4 colegas e façam uma pesquisa sobre o mito *Pigmalião e Galateia*. Vocês podem pesquisar em livros sobre mitologia ou em páginas da internet. Mas lembrem-se de procurar em *sites* de conteúdo confiável. No dia agendado pelo professor, apresentem os resultados aos colegas de classe.

O ARTISTA E SUA OBRA

Deborah Moreira e George Mascarenhas

A seguir, leia a entrevista concedida especialmente para esta Coleção por Deborah Moreira e George Mascarenhas, da Mimus Companhia de Teatro. Eles falam da experiência vivenciada no espetáculo *Alegria de viver* e apresentam mais informações sobre a Mimus.

"**Entrevistador:** *Deborah e George, quando vocês começaram a se interessar por teatro? Falem um pouco da trajetória de vocês.*

Deborah: *Eu sempre quis ser atriz. Toda vez que alguém me perguntava o que iria ser quando crescesse, eu dizia: 'Vou ser atriz'. O tempo passou e o desejo se manteve forte. Prestei vestibular para a Universidade Federal da Bahia [UFBA], onde me formei no bacharelado de Interpretação Teatral. Ainda como aluna da universidade, comecei a me interessar pela dramaturgia e a escrever peças de teatro, o que se tornou uma paixão. Nesse período também tive contato com a Mímica Corporal Dramática, por meio de Nadja Turenkko e George Mascarenhas, tendo me formado nesse sistema teatral. Hoje em dia, sigo trabalhando como atriz, dramaturga, professora e diretora teatral.*

George: *Quando eu era criança, gostava muito de brincar de representar. Eu criava peças com minha irmã e meus amigos e reunia a família para assisti-las. Na escola, quando eu tinha 14 anos, entrei para um grupo de teatro amador. A partir daí, não deixei mais o teatro. Fiz cursos profissionalizantes e participei de vários espetáculos. Em 1994, tive a oportunidade de ir para a França para estudar a Mímica Corporal Dramática, de Étienne Decroux, na École de Mime Corporel Dramatique, dirigida por Steven Wasson e Corinne Soum, últimos assistentes do mestre francês que criou a técnica. Quando me formei na escola, voltei para o Brasil e, desde então, tenho trabalhado na criação de espetáculos, como ator e diretor, e na formação de outros artistas. Hoje também sou professor na Escola de Teatro da Universidade Federal da Bahia e dou aulas na graduação e pós-graduação em artes cênicas.*

Entrevistador: *Além de atores, quais são as outras funções que vocês exercem na companhia [Mimus Companhia de Teatro]?*

Deborah: *Na companhia, atuo também como dramaturga, diretora de produção e, mais recentemente, como diretora artística. Tenho percebido que essa mudança frequente de posição, dentro do processo de criação cênica, contribui enormemente para o desenvolvimento e aprofundamento do pensamento estético. Além disso, sou facilitadora de oficinas de mímica, dramaturgia e jogos teatrais.*

George: *Além de ator, trabalho na direção artística dos espetáculos e coordeno as atividades da revista Mimus, uma publicação eletrônica gratuita sobre mímica e teatro físico. Outra vertente de ação dentro da companhia é a preparação corporal de elencos e a condução de oficinas, palestras e conferências, a partir do nosso método de trabalho. O revezamento nas diversas funções de um espetáculo permite o conhecimento, a propriedade dos elementos que estão sendo trabalhados no diálogo com os outros artistas e técnicos envolvidos.*

Entrevistador: *Como surgiu a ideia de conceber esse espetáculo teatral, Alegria de viver?*

Deborah: *A ideia do espetáculo nasceu do nosso desejo de refletir sobre a obra de arte e as relações que se estabelecem nas instâncias de produção, circulação, consumo e difusão. Refletir sobre questões como: O que é ser artista? Qual é o valor da arte? Em que a arte contribui para a sociedade?*

George: *Alegria de Viver surgiu de conversas nossas, no grupo, acerca da questão: é o artista que faz a obra ou é a obra que faz o artista? Qual o valor do artista? Qual o valor da arte?*

O desejo era provocar a discussão sobre o papel da arte e do artista na construção de uma sociedade comprometida com a subjetividade, a coletividade, as relações humanas. Queríamos também falar da felicidade e das dificuldades de ser artista no mercado cultural brasileiro.

Entrevistador: Como foi o processo de criação de Alegria de viver?

Deborah: O texto foi criado em um longo processo de escrita e reescrita. Foram elaboradas nove versões até chegar à versão final. No início, havia quatro personagens, e a história era contada de um modo linear com começo, meio e fim bem definidos. Depois de vários processos de reelaboração, a versão final se configurou a partir de um pensamento contemporâneo sobre o texto teatral. A história principal foi mantida, concentrada em apenas duas personagens (o Artista e a Escultura), sendo contada, no entanto, de maneira fragmentada, cíclica, com inversões no papel do artista e da escultura, e com interrupções no fluxo da história provocadas pelo diálogo direto com a plateia.

George: No nosso trabalho, mesmo quando há um texto previamente elaborado, começamos sempre pelo corpo. A partir de processos de improvisação, começamos a criar relações entre as duas personagens, o artista e a escultura, que foram também alimentando a criação do texto. A relação entre essas personagens foi sendo desenvolvida e aprofundada a partir de histórias pessoais e imagens diversas, inclusive o quadro de Henri Matisse, Alegria de viver. Considerado uma obra-prima das artes visuais, o quadro provocou a discussão de temas como a forma e o conteúdo, o uso das cores e a distorção das imagens, o descompromisso da arte com a reprodução fiel da realidade. Na sala de ensaio, encontramos um dos pontos centrais da peça que pode ser resumido na questão: O que a arte provoca em mim?

Entrevistador: Podem falar um pouco das oficinas e dos cursos que a Mimus Companhia de Teatro oferece? A que público destinam-se?

Os atores e pesquisadores Deborah Moreira e George Mascarenhas, da Mimus Companhia de Teatro. Foto de 2015.

Deborah: As oficinas fazem parte das ações formativas da Mimus. O que desejamos é compartilhar informações e conhecimentos e possibilitar o acesso de estudantes ou profissionais ao tipo de trabalho que desenvolvemos e, com isso, possibilitar uma troca de saberes. Nas oficinas, utilizamos princípios e procedimentos técnicos e artísticos que estão presentes em nossos espetáculos.

George: Entendemos que as oficinas são um espaço de troca, reflexão e investigação artística. As oficinas são um importante meio de difusão da técnica artística que está na base do nosso trabalho, a Mímica Corporal Dramática de Étienne Decroux. Nesses encontros, compartilhamos as bases técnicas desse estilo de mímica, que é muito diferente do estilo de mímica mais conhecido, chamado geralmente de pantomima. A mímica que praticamos é um sistema expressivo cênico para atores, perfomers, dançarinos, artistas da cena, que pode incluir a fala e outros elementos. É uma arte do movimento. As oficinas são destinadas a qualquer pessoa interessada, com idade mínima de 15 anos."

Entrevista realizada em 5 jun. 2017.

A MÍMICA

Você viu nas páginas anteriores que uma das fontes de pesquisa dos integrantes da Mimus Companhia de Teatro para seus espetáculos é a **mímica**. Você sabe o que é mímica? Já utilizou ou costuma utilizar mímica em situações do dia a dia?

Trecho de vídeo de mímica

Veja uma cena feita por mímicos representando uma situação do nosso dia a dia.
Disponível em <http://mod.lk/aa7u3t2b>.

Artistas fazendo mímica.

A mímica consiste em uma forma de comunicação corporal em que se utilizam atitudes, expressões faciais, gestos e também riso, choro, gritos e outros ruídos. Veja no vídeo indicado um exemplo de mímica. Em seguida, converse com os colegas sobre qual situação é essa. Você a interpretaria de outra forma?

Você sabia que a palavra *mímica* está associada à palavra grega *mimos*, que significa *imitar*? Isso ocorre porque a mímica, em sua origem, está associada ao **mimo**, tipo de apresentação teatral surgido na Grécia antiga em que uma história é contada por meio de gestos. Nessas histórias, a fala era, na maioria das vezes, totalmente ausente.

Na Grécia antiga, diferentemente das tragédias, que apresentavam histórias de deuses e heróis, nos mimos, os atores (também chamados *mimos*) imitavam os movimentos e gestos de pessoas comuns e animais. Outra diferença em relação à tragédia e também à comédia é que, nos mimos, as personagens podiam ser interpretadas por mulheres.

Estatueta de um mimo (225-175 a.C.), artista desconhecido. Terracota com engobe branco e policromia, 18,9 × 12,5 × 3,6 cm. Museu J. Paul Getty. Los Angeles, Estados Unidos.

A *COMMEDIA DELL'ARTE*

Durante a Idade Média, a tradição dos mimos manteve-se viva entre grupos de teatro itinerantes. A expressão corporal era a principal ferramenta utilizada por esses grupos para se comunicar com públicos que falavam idiomas diversos. Acredita-se que nesse contexto tenha surgido a **commedia dell'arte**, gênero muito popular na Idade Média.

A principal característica da *commedia dell'arte* era a improvisação, inclusive das falas, pois nesse gênero teatral não havia um texto anterior à encenação, apenas uma espécie de roteiro que orientava previamente os atores. Esse roteiro era chamado de *canovaccio*.

As peças da *commedia dell'arte* visavam divertir o público, muitas vezes por meio da sátira e da crítica às relações sociais. Essas peças eram apresentadas em praças públicas por grupos de atores que viajavam em espécies de carroças-palco, nas quais levavam tudo o que precisassem para a apresentação.

A *commedia dell'arte* tinha sempre as mesmas personagens. Arlequim, Pierrô e Colombina são alguns dos principais.

Arlequim com violão (1918), de Pablo Picasso. Óleo sobre tela, 35 × 27 cm. Coleção particular.

Cena de commedia dell'arte em uma paisagem italiana (séculos XVII-XVIII), de Peeter van Bredael (1629-1719). Óleo sobre tela, 40,5 × 69 cm. Coleção particular.

A MÍMICA NA ATUALIDADE

Na atualidade, a arte da representação gestual influencia a criação de muitos grupos de teatro. Essa influência deve-se, principalmente, ao trabalho de um grupo de artistas e pesquisadores que, a partir do século XX, passaram a realizar uma série de estudos sobre a expressão corporal no teatro.

Entre os grandes artistas que contribuíram para o desenvolvimento do que hoje conhecemos como mímica está o ator francês Étienne Decroux (1898-1991), uma das influências centrais do trabalho da Mimus Companhia de Teatro, que conhecemos no início deste Tema.

Com base em seus estudos, Decroux defendia que o corpo todo – e não apenas a fala – devia ser entendido como meio de expressão do ator.

O ator Étienne Decroux em uma aula na Universidade Baylor, em Waco, Estados Unidos. Foto de 1958.

O trabalho desenvolvido por Étienne Decroux influenciou muitos atores. Entre eles, o também francês Marcel Marceau (1923-2007).

Com o rosto pintado de branco e vestindo uma blusa com listras e um velho casaco e chapéu de ópera, Marcel Marceau desenvolveu um tipo de mímica singela poética e extremamente meticulosa e bem executada.

Marceau também foi influenciado pelo trabalho de Charlie Chaplin. Acredita-se que a personagem O Vagabundo, de Chaplin, em filmes como *Vida de cachorro*, mencionado no Tema 1, tenha sido a inspiração para criar a personagem mais famosa de Marceau: o palhaço Bip.

O ator Marcel Marceau caracterizado como o palhaço Bip, em apresentação em Westwood, Estados Unidos, em 2002.

PARA ASSISTIR

- *Le Mime Marceau*. Disponível em: <https://www.youtube.com/watch?v=XEsfpRrfXf4>. Acesso em: 21 maio 2018.

Esse vídeo apresenta uma compilação de mímicas do artista Marcel Marceau.

ATIVIDADE PRÁTICA

- Você vai participar de uma atividade em que vai experienciar a mímica. Para isso, leia os passos abaixo e siga as orientações do professor.

    a) Escolha duas ações ou emoções que possam ser representadas por você. Pense em ações cotidianas, como varrer, digitar, operar uma máquina, esperar, encontrar e contemplar. As emoções podem ser: alegria, tristeza, raiva, medo e decepção, entre outras.

    b) O professor realizará um sorteio para as apresentações. Cada aluno terá alguns minutos para elaborar a mímica e apresentá-la aos colegas, em data definida pelo professor.

    c) Para elaborar sua mímica, busque concentrar-se na expressão do rosto e ensaiar alguns movimentos de braços, pernas, mãos e pés.

    d) Depois das apresentações, reúna-se em roda com seus colegas para que cada um comente a experiência de fazer a mímica e de assistir aos colegas se apresentando. Lembre-se de que é importante prestar atenção nos comentários de todos os alunos.

TEMA 3 — A ARTE DE FAZER RIR

A COMÉDIA

É possível que, ao ouvir a palavra *comédia*, você logo pense em espetáculos de teatro, programas de televisão ou da internet que são engraçados, ou seja, que provoquem o riso. Mas espetáculos teatrais criados com a finalidade de divertir o público existem desde a Antiguidade. A **comédia** está nas origens do teatro como o conhecemos hoje, sendo um dos gêneros teatrais criados pelos gregos antigos.

Além da finalidade de provocar o riso no espectador, a comédia grega tinha como características marcantes a presença de personagens que representavam pessoas comuns, a crítica social e o desenvolvimento de histórias com desfecho feliz.

Um dos principais autores de comédias gregas foi Aristófanes (450 a.C.-386 a.C.). Acredita-se que esse dramaturgo, ao longo da vida, tenha escrito quarenta peças, das quais apenas onze chegaram na íntegra até nós. Uma das principais características da obra de Aristófanes era a **sátira** social e política. A sátira é um recurso ainda muito empregado por escritores, humoristas e artistas, em que se utiliza uma espécie de crítica bem-humorada para refletir sobre situações, pessoas ou temas.

Vaso grego (século IV a.C.), atribuído a Asteas. Cerâmica policromada, 37 (altura) × 36 cm (diâmetro). Museu Gregoriano Etrusco, Vaticano. Esse vaso retrata uma cena de comédia.

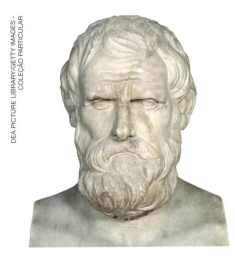

Cópia romana, do século II, de busto do dramaturgo grego Aristófanes. Escultura de mármore, 0,5 m (altura). Coleção particular.

Sátira: texto que ironiza instituições, costumes e ideias de uma época.

AS AVES

Os textos teatrais produzidos pelos gregos antigos ainda hoje são montados por companhias de teatro do mundo todo. Para isso, em geral, esses textos passam por uma **adaptação**. Ou seja, é realizada uma transposição para o novo contexto em que será encenado. A foto desta página, por exemplo, retrata uma montagem da comédia *As aves*, escrita por Aristófanes em 411 a.C.

Essa montagem foi realizada pela Comédie-Française, companhia e espaço teatral fundados em Paris, na França, em 1680. O responsável pela adaptação do texto original de Aristófanes foi o diretor teatral Alfredo Arias.

A peça original de Aristófanes conta a história de dois homens que, cansados da corrupção, decidem abandonar o lugar onde vivem para viver entre as aves. Para isso, além de convencê-las, eles têm também de negociar com os deuses.

> **Corrupção:** ato de subornar alguém, geralmente com dinheiro, para conseguir alguma vantagem.

Os atores Loïc Corbery, Catherine Hiegel e Martine Chevallier em cena do espetáculo *As aves*, da Comédie-Française, em Paris, França. Foto de 2010.

ATIVIDADES

1. Em sua opinião, a narrativa original da peça *As aves* pode ser considerada atual? Justifique sua resposta e comente com os colegas.

2. Você considera que a ideia de viver entre as aves, fundando uma nova sociedade, é uma saída? Por quê?

A COMÉDIA SATÍRICA

Nas páginas anteriores você descobriu que a sátira era uma característica marcante nas comédias de Aristófanes. Essa característica, também presente na *commedia dell'arte* – que conhecemos no Tema anterior –, marcou a produção de dramaturgos de diferentes períodos, como no caso do francês Jean-Baptiste Poquelin (1622-1673), que ficou conhecido como Molière.

Além de dramaturgo, Molière era ator e foi muito influenciado pela *commedia dell'arte*. Por meio de suas peças, ele criticava e ridicularizava os comportamentos e costumes da sociedade de sua época. Entre as suas principais obras está *O Tartufo*, de 1664. Nessa peça, Molière criticava de forma bem-humorada a falsa devoção religiosa de muitas pessoas. O teor crítico dessa peça incomodou muitas pessoas, o que fez a peça ser censurada, ou seja, sua encenação foi proibida. Esse, aliás, é um fato comum entre muitas comédias, que, por sua forte crítica social, acabaram sendo censuradas em sociedades que permitiam esse tipo de restrição à liberdade de expressão. A foto a seguir mostra uma cena do espetáculo *Tartufo-me*, uma adaptação do texto original de Molière.

Molière (1658), de Pierre Mignard. Óleo sobre tela, 55 × 48,5 cm. Museu Condé, Chantilly, França.

Ridicularizar: expor ao ridículo; zombar; caçoar.

O ator Dimas Mendonça em cena do espetáculo *Tartufo-me*, no Teatro Amazonas, em Manaus (AM), em 2018.

O AVARENTO

Uma das peças mais conhecidas de Molière é *O avarento*, de 1668. Você sabe qual é o significado da palavra *avarento*? Essa palavra é utilizada para se referir a uma pessoa que não gosta de gastar dinheiro, o popular "pão-duro". Esse é o perfil de Harpagão, a personagem principal dessa peça.

Em *O avarento*, Molière representa de forma irônica a inversão de valores característica de uma sociedade norteada pelo interesse financeiro, o que torna o texto escrito no século XVII extremamente atual. No Brasil, a peça teve diversas montagens e Harpagão foi interpretado por muitos atores, entre eles Paulo Autran, na montagem retratada a seguir.

Ensaio da peça *O avarento*, em São Paulo (SP), em 2006. O ator Paulo Autran é o quinto, da esquerda para a direita.

Paulo Autran

Paulo Autran nasceu em 1922, na cidade do Rio de Janeiro (RJ). Em 1927, mudou-se para São Paulo (SP), onde, no final da década de 1940, iniciou sua carreira de ator. Ele atuou em montagens de obras clássicas do teatro mundial, como *A dama das camélias*, de Alexandre Dumas (1802-1870), e *Otelo*, de William Shakespeare (1564-1616). O ator destacou-se também no cinema e na televisão, e faleceu em São Paulo (SP), em 2007, pouco tempo depois de participar de *O avarento*, montagem retratada na foto acima.

O ator Paulo Autran, como Harpagão, em cena da peça *O avarento*, em São Paulo (SP), em 2006.

A COMÉDIA DE COSTUMES

A imagem reproduzida a seguir mostra uma cena do espetáculo *O juiz de paz da roça*, peça de teatro escrita por Martins Pena, na primeira metade do século XIX, que aborda os costumes de alguns grupos da sociedade brasileira daquela época.

Cena do espetáculo *O juiz de paz da roça* em montagem realizada pelo Grupo de Teatro Amador Trapos e Farrapos, da Fundação Indaialense de Cultura (FIC), em Jaraguá do Sul (SC), em 2011.

Escrita por Luís Carlos Martins Pena (1815-1848), a peça *O juiz de paz da roça* foi encenada pela primeira vez em 1838. Martins Pena era formado em Comércio e seguiu carreira diplomática, mas ficou conhecido por ter colaborado para a consolidação do teatro no Brasil.

Martins Pena escreveu cerca de trinta peças de teatro e inaugurou no Brasil o gênero teatral **comédia de costumes**, que se caracteriza pela abordagem irônica e bem-humorada dos usos e costumes de grupos sociais. Em suas peças, ele representou a sociedade brasileira da primeira metade do século XIX, destacando os tipos e os hábitos comuns naquela época. Em *O juiz de paz da roça*, por exemplo, o autor trouxe à cena um olhar bem-humorado sobre as atividades de um juiz e a simplicidade de pessoas que viviam na roça, ou seja, na zona rural.

Martins Pena em fotografia da década de 1840. Coleção particular.

O texto teatral

Textos como *O juiz de paz da roça*, escritos para ser representados no palco, são chamados **textos teatrais**. Produzidos por escritores, também chamados *dramaturgos*, esses textos podem ser publicados em livros.

Os textos teatrais raramente têm um narrador. Neles, a história é contada pelas falas das próprias personagens. Como conhecemos a história pela voz e pelas ações das personagens, é possível saber o que elas pensam e, assim, conhecer sua personalidade. A linguagem usada na peça varia de acordo com a situação, a época e o local, ou mesmo o grupo social abordado na história.

Capa de publicação das peças *O juiz de paz da roça*, *Quem casa quer casa* e *O noviço*, do escritor Martins Pena.

Essa forma de escrita pertence ao **gênero dramático** que, na literatura, refere-se a toda a produção textual escrita para ser representada. A palavra *drama* é de origem grega e significa "ação"; daí a ideia de que o texto dramático é aquele escrito especialmente para o teatro, lugar em que as personagens podem agir diante dos olhos do público. Em um texto dramático, as personagens expressam seus desejos e vontades por meio de diálogos. No entanto, as vontades das personagens, em um texto dramático, são contrárias e dão origem ao conflito, que deverá se resolver por meio das ações na peça.

Nas próximas páginas, você conhecerá um trecho do texto da peça *O juiz de paz da roça*. Ao ler esse texto, observe os diálogos, que são organizados a partir da divisão dos textos entre as personagens José e Aninha. Perceba que o nome da personagem que deverá dizer o texto entra com letra maiúscula à esquerda. Fique atento também para o modo como cada personagem expressa suas vontades e repare que a realização dessas vontades depende de certas dificuldades e oposições por meio da ação.

Observe as frases escritas entre parênteses. Essas frases são chamadas **rubricas** (ou *indicações de cena*) e trazem orientações tanto para a encenação quanto para a atuação. Também dizem em que local a cena acontece, se é dia ou noite. As rubricas direcionadas à atuação indicam os estados, emoções e/ou ações das personagens, e auxiliam os atores na criação dos gestos e intenções que deverão fazer em cena. As rubricas de encenação indicam à equipe técnica possíveis locais de entrada e saída de cena, além de informações em relação à organização do espaço.

Muitos dramaturgos usam a rubrica para direcionar o modo como seu texto deverá ser encenado. Outros, por sua vez, usam-nas apenas para indicações necessárias, dando liberdade ao encenador e aos atores para criar a sua interpretação do texto teatral.

Além das rubricas, o texto teatral traz, algumas vezes, informações no início de cada cena, como é o caso do texto a seguir.

O JUIZ DE PAZ DA ROÇA

Cena do espetáculo *O juiz de paz da roça* em montagem realizada pelo Grupo de Teatro Amador Trapos e Farrapos, em Jaraguá do Sul (SC), em 2011.

Leia um trecho da peça *O juiz de paz da roça*.

"[...]

Cena II

Entra José com calça e jaqueta branca.

José: Adeus, minha Aninha! (*Quer abraçá-la.*)

Aninha: Fique quieto! Não gosto destes brinquedos. Eu quero casar-me com o senhor, mas não quero que me abrace antes de nos casarmos. Esta gente quando vai à Corte, vem perdida. Ora diga-me, concluiu a venda do bananal que seu pai lhe deixou?

José: Concluí.

Aninha: Se o senhor agora tem dinheiro, por que não me pede a meu pai?

José: Dinheiro? Nem vintém!

Aninha: Nem vintém! Então o que fez do dinheiro? É assim que me ama? (*Chora.*)

José: Minha Aninha, não chores. Oh, se tu soubesses como é bonita a Corte! Tenho um projeto que te quero dizer.

Aninha: Qual é?

José: Você sabe que eu agora estou pobre como Jó, e então tenho pensado em uma coisa. Nós nos casaremos na freguesia, sem que teu pai o saiba; depois partiremos para a Corte e lá viveremos.

Aninha: Mas como? Sem dinheiro?

José: Não te dê isso cuidado: assentarei praça nos Permanentes.

Aninha: E minha mãe?

José: Que fique raspando mandioca, que é ofício leve. Vamos para a Corte, que você verá o que é bom.

Aninha: Mas então o que é que há lá tão bonito?

José: Eu te digo. Há três teatros, e um deles maior que o engenho do capitão-mor.

Aninha: Oh, como é grande!

José: Representa-se todas as noites. Pois uma mágica... Oh, isto é coisa grande!

Aninha: O que é mágica?

José: Mágica é uma peça de muito maquinismo.

Aninha: Maquinismo?

José: Sim, maquinismo. Eu te explico. Uma árvore se vira em uma barraca; paus viram-se em cobras, e um homem vira-se em macaco.

Aninha: Em macaco! Coitado do homem!

José: Mas não é de verdade.

Aninha: Ah, como deve ser bonito! E tem rabo?

José: Tem rabo, tem.

Aninha: Oh, homem!

José: Pois o curro dos cavalinhos! Isto é que é cousa grande! Há uns cavalos tão bem ensinados, que dançam, fazem mesuras, saltam, falam, etc. Porém o que mais me espantou foi ver um homem andar em pé em cima do cavalo.

Aninha: Em pé? E não cai?

José: Não. Outros fingem-se bêbados, jogam os socos, fazem exercício – e tudo isto sem caírem. E há um macaco chamado o macaco Major, que é coisa de espantar.

Aninha: Há muitos macacos lá?

José: Há, e macacas também.

Aninha: Que vontade tenho eu de ver todas estas cousas!

José: Além disto há outros muitos divertimentos. Na Rua do Ouvidor há um cosmorama, na Rua de São Francisco de Paula outro, e no Largo uma casa aonde se veem muitos bichos cheios, muitas conchas, cabritos com duas cabeças, porcos com cinco pernas, etc.

Aninha: Quando é que você pretende casar-se comigo?

José: O vigário está pronto para qualquer hora.

Aninha: Então, amanhã de manhã.

José: Pois sim. *(Cantam dentro.)*

Aninha: Aí vem meu pai! Vai-te embora antes que ele te veja.

José: Adeus, até amanhã de manhã.

Aninha: Olhe lá, não falte! *(Sai José.)*

[...]"

PENA, Martins. *O juiz de paz da roça*. Em: *Comédias de Martins Pena*. Edição crítica por Darcy Damasceno. Rio de Janeiro: Ediouro, 1968, p. 86-89.

Freguesia: área de uma paróquia.
Dar-se cuidado: preocupar-se.
Assentar praça: alistar-se.
Permanentes: efetivo da Guarda Nacional na época do Brasil Imperial.
Curro: curral.
Mesura: reverência, cumprimento.
Cosmorama: local onde se observam quadros de paisagens com lentes de aumento.

ATIVIDADES

1. Quais personagens fazem parte dessa cena? E qual é a relação existente entre elas?

2. Qual é o projeto de José? E o que ele faz para convencer Aninha a casar-se com ele?

3. Qual é a reação de Aninha à proposta de José?

109

A COMÉDIA DE COSTUMES MUSICADA

Outro escritor brasileiro que representou a sociedade de sua época por meio de textos teatrais foi Artur Azevedo (1855-1908). Ao acrescentar canções a suas peças, ele criou as **comédias de costumes musicadas**. Nessas peças, Artur Azevedo representou com ironia e bom humor o cotidiano dos moradores do Rio de Janeiro na virada do século XIX para o século XX.

A inspiração para as criações de Azevedo foi o teatro francês da época. Ele parodiava dramas que faziam sucesso na França, adaptando os cenários e as personagens para a realidade brasileira.

Entre as peças de maior sucesso de Artur Azevedo estão *A capital federal* (1897) e *O mambembe* (1904). Em *A capital federal*, o dramaturgo conta a história de uma família que deixa o interior de Minas Gerais para viver no Rio de Janeiro, na época, a capital federal. Os conflitos de valores e costumes entre o casal e os moradores da capital são o tema principal dessa peça.

Retrato de Artur Azevedo. Sem data. Fundação Biblioteca Nacional, Rio de Janeiro (RJ).

Em *O mambembe*, por sua vez, o dramaturgo aborda o dia a dia e as dificuldades de um grupo itinerante de teatro. Esse espetáculo musical foi montado pela primeira vez em 1959, no Rio de Janeiro, pelo grupo Teatro dos Sete.

Cena do espetáculo *O mambembe*, em montagem realizada pelo Teatro dos Sete, em 1959, no Rio de Janeiro (RJ).

O CENÁRIO

O diretor e cenógrafo italiano Gianni Ratto (1916-2005) foi o responsável pela direção e pela criação dos cenários da montagem da peça *O mambembe*, realizada pelo Teatro dos Sete em 1959. Para esse espetáculo, Ratto recriou, no final da década de 1950, os diversos ambientes descritos por Artur Azevedo em seu texto. Veja abaixo a reprodução do desenho de um dos cenários criados por Gianni Ratto para essa peça.

Gianni Ratto, em São Paulo (SP), em foto de 2004.

O cenário é um dos elementos fundamentais em apresentações teatrais, pois, por meio de diferentes elementos visuais, como móveis, objetos, adereços e efeitos de luz, é possível compor o espaço no qual se passam determinadas cenas de um espetáculo.

O Teatro dos Sete

Um dos grupos mais importantes da história do teatro brasileiro foi o Teatro dos Sete, fundado em 1959 pelo diretor e cenógrafo Gianni Ratto e pelos atores Fernanda Montenegro, Fernando Torres (1927-2008), Sérgio Britto (1923-2011) e Ítalo Rossi (1931-2011). *O mambembe* foi a primeira montagem realizada pelo grupo e alcançou muito sucesso de público e de crítica. As atividades do Teatro dos Sete foram realizadas até 1965.

Fernanda Montenegro

Grande dama do Teatro Brasileiro, Fernanda Montenegro é uma das atrizes mais importantes de nosso país. Sua carreira se iniciou no rádio, aos dezesseis anos, e desde 1950 já atuou em mais de 20 espetáculos teatrais, além de novelas para a televisão e filmes. Fernanda Montenegro é conhecida por seu talento e devoção à arte, onde já atuou representando personagens de textos clássicos e também em espetáculos experimentais. Além dos diversos prêmios nacionais, Fernanda também é reconhecida internacionalmente e, em 1999, foi indicada ao Oscar de melhor atriz por seu trabalho em *Central do Brasil*, filme do diretor Walter Salles, de 1998.

Desenho para o cenário da peça *O mambembe*, de Gianni Ratto. Aquarela sobre papel, 29 × 7,5 cm. Cedoc-Funarte. Rio de Janeiro (RJ).

ATIVIDADES

1. Observe a foto da montagem do espetáculo *O mambembe*, reproduzida na página anterior, compare-a com o desenho desta página e responda: qual é a importância dos desenhos e estudos realizados pelos cenógrafos antes da construção dos cenários?

2. Além do cenário, que outros elementos visuais auxiliam a montagem de uma peça teatral?

COMPREENDER UM TEXTO

Ator italiano interpreta mesmo personagem há 55 anos

"Há 55 anos o ator italiano Ferruccio Soleri faz rir plateias do mundo todo interpretando Arlequim, um dos personagens mais famosos da 'Commedia Dell'Arte' italiana, gênero teatral surgido na época medieval, quando os saltimbancos percorriam as cidades em carroças improvisando espetáculos de sátira social.

Desde 1960, Soleri é o protagonista da peça *Arlequim, servidor de dois amos*, escrita em 1745 por Carlo Goldoni. A montagem do espetáculo, criada pelo célebre diretor Giorgio Strehler para o Piccolo Teatro de Milão em 1947, está em cartaz até hoje.

Na peça, Arlequim é um empregado faminto e malandro que decide trabalhar para dois patrões que acreditam ter exclusividade de seus serviços. Ele acaba se envolvendo em diversos equívocos e situações engraçadas. Além da fome atávica, emblema de sua condição social inferior, as principais características do protagonista são sua vivacidade e perspicácia.

Em entrevista à BBC Brasil, Soleri, 86, diz que, apesar das quase 3.000 apresentações realizadas, não se cansa de fazer o mesmo papel. 'Cheguei a fazer outros espetáculos, mas o que é importante no teatro? Fazer um, dez, cem personagens, ou receber os aplausos da plateia? Para o Arlequim os aplausos nunca faltaram. É isso o que importa.'

Conhecido pela agilidade de movimentos, o protagonista salta e faz pequenas acrobacias durante quase todo o espetáculo.

'Antes de entrar em cena faço alongamento para preparar os músculos. Mas é um trabalho difícil, porque, além da vivacidade do personagem, atuo com uma máscara cobrindo o rosto, o que requer um empenho maior', conta.

'Para que o público perceba o que o personagem está sentindo é preciso dar maior ênfase tanto aos movimentos e à gestualidade quanto à entonação das frases', acrescenta. [...]"

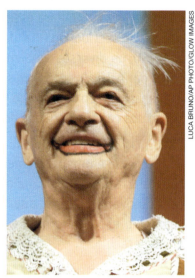

Ferruccio Soleri após apresentação em evento cultural em Milão, Itália, em 2017.

Ator italiano interpreta mesmo personagem há 55 anos. BBC Brasil, 4 jun. 2015, F5, *Folha de S.Paulo*. Disponível em: <http://f5.folha.uol.com.br/voceviu/2015/06/1637639-ator-italiano-interpreta-mesmo-personagem-ha-55-anos.shtml>. Acesso em: 23 maio 2018.

QUESTÕES

1. Segundo o texto, quais são as características que mais se destacam na personagem Arlequim?

2. Por que o ator não se cansa de fazer sempre o mesmo papel?

ATITUDES PARA A VIDA

Os tipos sociais na comédia

Nossa sociedade tem problemas muito sérios, sobre os quais não podemos deixar de falar. Há quem pense que não devemos conversar sobre determinados assuntos que provocam muitas divergências e discórdia. Mas essa postura, de não falarmos de assuntos que nos incomodam, não faz com que os problemas deixem de existir. O humor tem sido uma forma saudável de abordá-los, pois age como uma válvula de escape para as tensões e, também, pelo fato de ser muito revelador observar o que cada pessoa acha engraçado. Isso revela mais sobre nós mesmos do que podemos imaginar.

A desigualdade social é o problema crucial de nossa sociedade. As comédias, como as que você estudou nesta Unidade, frequentemente já abordavam as diferenças de comportamento entre os membros das diversas camadas sociais. É interessante observar que, embora, em princípio, sejamos todos diferentes uns dos outros, existem algumas formas características de nos comportar. É por isso que, em geral, os gêneros textuais humorísticos, como peças de teatro e anedotas, fazem usos de clichês e de representações de **personagens-tipo**.

As personagens-tipo podem ser construídas com base em diferentes critérios. Um deles é o socioeconômico, que corresponde à interpretação das ações de acordo com sua posição social: de moradores de rua a governantes, passando por comerciantes, proprietários de terras, estudantes, trabalhadores de diferentes categorias, das mais diversas épocas. Cada um desses tipos pode ser associado a padrões de comportamento que, combinados a outras características, definem as personagens-tipo.

Discórdia: desentendimento, desacordo.

Válvula de escape: uma forma de escapar de situações difíceis ou de amenizá-las.

Clichê: uma ideia ou algo muito repetido, previsível.

Personagem-tipo: que representa um comportamento-padrão conhecido.

As duas carruagens (c. 1707), de Claude Gillot (1673-1722). Óleo sobre tela, 127 × 160 cm. O quadro ilustra uma cena da comédia *A feira de Saint-Germain*, do dramaturgo francês Jean-François Regnard (1655-1709), com a colaboração de Charles-Riviere Dufresny (1648-1724). A feira de Saint-Germain era um dos locais na França onde eram encenadas as peças do chamado *teatro de feira*, no qual tinham vez diversas manifestações artísticas, entre as quais a comédia. Na pintura, Arlequim e Scaramouche, personagens da *commedia dell'arte*, praguejam um contra o outro.

QUESTÕES

1. Em grupo com quatro colegas, discutam: Que problemas sociais incomodam vocês no cotidiano? Em que situações esses problemas se mostram? Façam uma lista dos problemas citados pelos integrantes do grupo.

2. Escolham um dos problemas que vocês listaram na questão anterior. Imaginem uma cena cômica, envolvendo pelo menos duas personagens, que permita falar desse problema. Para enriquecer a cena, é interessante que as personagens representem diferentes tipos de pessoas, inclusive para permitir mostrar os vários lados da questão. Depois de esboçarem a ideia inicial da cena, escrevam-na, marcando as falas das personagens e também a linguagem corporal delas. Ao final, contem para os outros grupos como é a cena que vocês imaginaram.

3. Quais das atitudes a seguir vocês adotaram para realizar esta atividade? Justifique.
   - ( ) Questionar e levantar problemas.
   - ( ) Escutar os outros com atenção e empatia.
   - ( ) Pensar e comunicar-se com clareza.
   - ( ) Assumir riscos com responsabilidade.
   - ( ) Pensar de maneira interdependente.

ATIVIDADE PRÁTICA

- Orientado pelo professor, forme um grupo com quatro colegas para realizar a atividade proposta a seguir.

    a) Retomem o trecho da peça *O juiz de paz da roça*, de Martins Pena, apresentado neste Tema.

    b) Em grupo, façam uma nova leitura desse texto.

    c) Com a orientação do professor e tendo como base a leitura do texto, você e seus colegas vão escrever uma cena para dar sequência ao trecho apresentado. Usem a imaginação para criar situações, diálogos e personagens para a cena que vocês criarem. Pensem, por exemplo, no destino que dariam ao casal José e Aninha.

    d) Registrem no caderno o texto de vocês. Não se esqueçam de colocar, à esquerda de cada frase, o nome da personagem que deverá dizer a fala. Lembrem-se também das rubricas para indicar a ação das personagens.

    e) Depois, ao finalizar o texto, decidam em grupo quem representará cada personagem e se haverá necessidade de cenários, figurinos, maquiagem, sonoplastia ou iluminação para apresentar a cena.

    f) Cada aluno vai decorar a(s) fala(s) da sua personagem.

    g) No dia marcado para a apresentação, os grupos, se necessário, vão deixar seu cenário e sua sonoplastia prontos para serem montados. Cada aluno deverá estar com a cena preparada e ensaiada, com seu figurino e a maquiagem finalizados. Então cada grupo terá sua vez de se apresentar aos colegas da turma.

    h) Ao final das apresentações, formem uma roda de conversa com os demais colegas e conversem sobre quais foram as semelhanças e as diferenças entre as cenas inventadas e as cenas apresentadas em sala de aula.

ORGANIZAR O CONHECIMENTO

1. Nesta unidade você conheceu o nome e a função de alguns profissionais do teatro. Complete as frases, nomeando adequadamente cada um dos profissionais.

a) Profissional que cuida da confecção e da aquisição dos objetos cênicos e dos acessórios que se somam

ao figurino: _____

Se você errou essa resposta, retome a leitura da página 90.

b) Profissional que cria, projeta e também cuida do processo de construção dos cenários, ou seja, o espaço

de atuação dos atores: _____

Se você errou essa resposta, retome a leitura da página 90.

c) Ele é responsável por caracterizar, com maquiagens e penteados, os atores de uma peça:

_____

Se você errou essa resposta, retome a leitura da página 91.

d) O seu trabalho é pensar nas roupas das personagens em uma montagem teatral, desenhando e supervisionando a construção dos figurinos que os atores usam em cena:

_____

Se você errou essa resposta, retome a leitura da página 90.

2. Escreva verdadeiro (V) ou falso (F) nas afirmativas a seguir.

( ) A *commedia dell'arte* era um gênero muito popular na Idade Média. Sua principal característica era a improvisação, pois nesse gênero teatral não havia texto anterior à encenação; apenas uma espécie de roteiro (chamado de *canovaccio*) orientava previamente os atores.
Se você errou essa resposta, retome a leitura do tópico "*A commedia dell'arte*".

( ) Umas das características da obra de Aristófanes era a sátira social e política. A sátira é um recurso ainda muito utilizado por escritores, humoristas e artistas, em que se emprega a crítica bem-humorada para refletir sobre situações, pessoas ou temas. Outra característica de suas obras é que elas tinham sempre as mesmas personagens: Arlecchino, Pierrô e Colombina são algumas delas.
Se você errou essa resposta, retome a leitura do tópico "A comédia".

( ) Um escritor brasileiro que representou a sociedade de sua época por meio de textos teatrais foi Paulo Autran (1855-1908). Ao acrescentar canções a suas peças, ele criou as comédias de costumes musicadas. Nessas peças, Paulo Autran representou com ironia e bom humor o cotidiano dos moradores do Rio de Janeiro na virada do século XIX para o século XX.
Se você errou essa resposta, retome a leitura do tópico "A comédia satírica".

( ) Conhecida como a grande dama do Teatro Brasileiro, Fernanda Montenegro é uma das atrizes mais importantes de nosso país. Ela já atuou em mais de vinte peças teatrais, além de novelas para a televisão e filmes no cinema. Além dos diversos prêmios nacionais, Fernanda também é reconhecida internacionalmente e já foi indicada ao Oscar de melhor atriz por seu trabalho no filme *Central do Brasil*.
Se você errou essa resposta, retome a leitura do boxe "O Teatro dos Sete".

3. Defina a palavra *mimo*.

_____

_____

_____

_____

Se você errou essa resposta, retome a leitura do tópico "A mímica".

Reprodução proibida. Art. 184 do Código Penal e Lei 9.610 de 19 de fevereiro de 1998.

115

UNIDADE 4

REPRESENTAÇÕES VISUAIS DO CORPO HUMANO

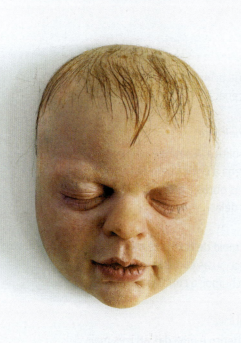
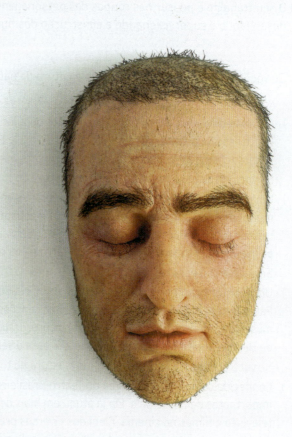

Samsara (2014), de Giovani Caramello. Esculturas, estrutura de alumínio, resina e cabelos sintéticos, fibra de vidro e tinta acrílica, dimensões variadas. Coleção particular.

TEMA 1   OBRAS QUE PARECEM GANHAR VIDA

TEMA 2   A REPRESENTAÇÃO DO CORPO HUMANO NA ARTE

TEMA 3   DO REALISMO AO SURREALISMO

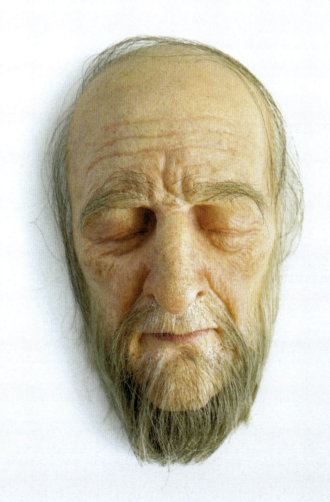
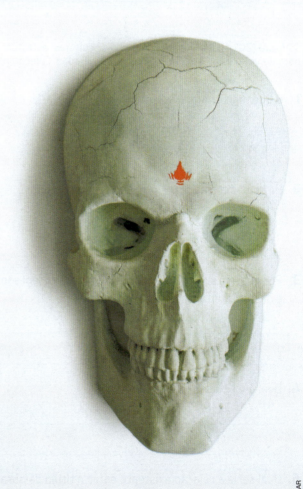

FOTOS: DOTTA2 - COLEÇÃO PARTICULAR

DE OLHO NA IMAGEM

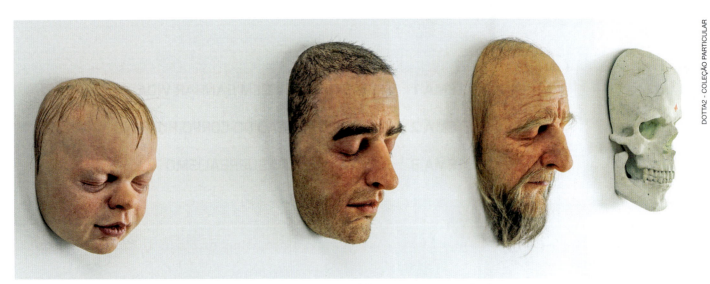

Samsara (2014), de Giovani Caramello. Esculturas, estrutura de alumínio, resina e cabelos sintéticos, fibra de vidro e tinta acrílica, dimensões variadas. Coleção particular.

1. O que mais chamou sua atenção nessa obra?

2. Há semelhanças entre os rostos representados?

3. Por que, em sua opinião, o artista teria representado em uma das extremidades da obra um bebê e na outra um crânio?

4. Qual é o título dessa obra?

5. Qual seria a relação existente entre o título da obra e seu conteúdo?

6. Como você acha que essa obra foi feita pelo artista?

Giovani Caramello

A obra *Samsara*, que conhecemos nas páginas anteriores, é de autoria de Giovani Caramello, artista que, desde muito cedo, se dedica ao estudo e à produção de diferentes criações visuais, como o desenho e a escultura.

Caramello é brasileiro, nascido em Santo André (SP). Na adolescência, já gostava de desenhar e, ao concluir o Ensino Médio, começou a se dedicar à criação de animações digitais em 3D, aquelas que vemos, por exemplo, em desenhos animados e em jogos de *videogame*. Foi dessa forma que seus desenhos saíram do papel e passaram a ocupar as telas dos computadores.

A experiência artística de Giovani, no entanto, ainda estava se construindo, e ele decidiu se dedicar à criação de esculturas. Para isso, usou todo o conhecimento que tinha sobre animações digitais em 3D e estudou anatomia para aprofundar seus conhecimentos sobre o corpo humano. Ele também buscou aprender com artistas que já se dedicavam à escultura. Nessa fase de aprendizado, Caramello entrou em contato, por exemplo, com o artista britânico Jamie Salmon, que vamos conhecer ao longo desta Unidade.

Giovani Caramello já realizou exposições em diversos espaços públicos e privados, e a cada ano sua obra se torna mais reconhecida, tanto no Brasil quanto no exterior.

Anatomia: área que estuda a forma e a estrutura dos elementos que compõem o corpo humano.

Giovani Caramello diante da galeria que expõe suas obras, em São Bernardo do Campo (SP). Foto de 2017.

- Você viu que Giovani Caramello começou a se dedicar à arte quando ainda era bem jovem. E você, já parou para pensar em suas habilidades artísticas? Gosta de cantar, desenhar, atuar, dançar? Registre sua resposta e depois converse com os colegas.

TEMA 1: OBRAS QUE PARECEM GANHAR VIDA

AS FASES DA VIDA

Na obra que conhecemos nas páginas anteriores, o artista visual Giovani Caramello apresenta sua visão a respeito do ciclo de vida dos seres humanos, desde o nascimento até a morte.

A passagem do tempo e as transformações que ocorrem no corpo humano são temas frequentemente abordados por Giovani em suas criações artísticas. Veja a obra reproduzida ao lado, em vista frontal e vista lateral.

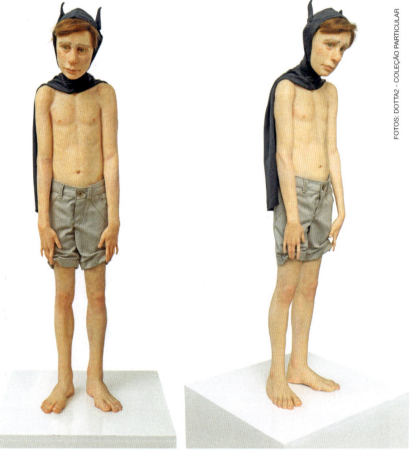

Sozinho (2014), de Giovani Caramello. Escultura, estrutura de alumínio, resina e cabelos sintéticos, silicone, tinta acrílica e tecido de algodão e poliéster, 85 × 25 × 18 cm. Coleção particular.

ATIVIDADES

1. Em sua opinião, qual seria a idade da pessoa representada nessa escultura? Como ela está vestida?

2. Por que Giovani Caramello teria dado o título *Sozinho* para essa obra?

A INFLUÊNCIA DE GUSTAV KLIMT NA PRODUÇÃO DE GIOVANI CARAMELLO

Para fazer suas obras, os artistas contemporâneos pesquisam diversas referências, estudam a arte de diferentes épocas e lugares e acompanham o trabalho de outros artistas.

Giovani Caramello afirma que uma de suas referências é a obra do pintor e desenhista austríaco Gustav Klimt (1862-1918). Um dos temas mais frequentes na obra de Klimt é a representação do corpo feminino. Observe a pintura reproduzida a seguir.

As três idades da mulher (1905), de Gustav Klimt. Óleo sobre tela, 180 × 180 cm. Galeria Nacional de Arte Moderna e Contemporânea, Roma, Itália.

ATIVIDADES

1. Quantas figuras humanas são representadas na obra acima? Que idade você daria a cada uma delas?

2. Você consegue estabelecer alguma semelhança entre a pintura desta página e a obra *Samsara*, apresentada na abertura desta Unidade?

A PRODUÇÃO DE UMA ESCULTURA

As obras de Giovani Caramello que conhecemos nas páginas anteriores são esculturas. A **escultura** é uma forma de expressão artística que se caracteriza pela criação de objetos **tridimensionais**, ou seja, com altura, largura e profundidade. A arte tridimensional representa a imagem com **volume**.

A imagem reproduzida a seguir mostra uma vista lateral da obra *Rei do ego*, escultura de autoria de Giovani Caramello. Observe essa imagem e tente perceber as três dimensões que caracterizam as esculturas.

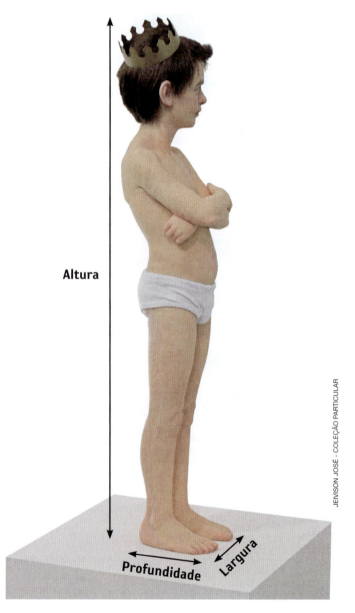

Rei do ego (2015), de Giovani Caramello. Escultura, estrutura de alumínio, resina e cabelos sintéticos, poliuretano, silicone, tinta acrílica, coroa de plástico com pintura automotiva e tecido de algodão, 70 × 25 × 18 cm. Coleção particular.

As esculturas podem ser criadas com diferentes materiais, como barro, gesso, cera, mármore, bronze e madeira. O trabalho realizado por um escultor é o de dar forma à matéria escolhida. Para isso, ele pode usar diferentes métodos, como **esculpir** ou **modelar**. A diferença básica entre o processo de esculpir e o de modelar é que, no primeiro, há a remoção de matéria, enquanto no segundo há a adição de matéria. Essas são algumas das técnicas que Caramello utiliza na produção de suas esculturas.

O PROCESSO DE CRIAÇÃO DE GIOVANI CARAMELLO

Para criar suas obras, Giovani Caramello utiliza diferentes técnicas. Nesta página e nas próximas será abordado o processo de criação da escultura *Rei do ego*, reproduzida na página anterior.

A MODELAGEM

Para criar a escultura *Rei do ego*, Caramello, em primeiro lugar, fotografou um menino com idade semelhante à da criança que gostaria de representar em sua obra. Em seguida, usou uma base de arame e alumínio para dar forma ao corpo da escultura (foto 1). Depois o artista iniciou o processo de **modelagem** da escultura usando **plastilina**, dando formas volumétricas à peça (fotos 2 a 4). Na escultura, a forma são os limites exteriores do corpo ou objeto que está sendo criado. A forma tem volume, ou seja, ela delimita a ocupação de um lugar no espaço tridimensional, tem altura, largura e profundidade. Veja as fotos reproduzidas a seguir.

> A plastilina é uma argila à base de óleo. Enquanto a argila à base de água seca rapidamente, sem permitir que se retome a modelagem, a plastilina possibilita que o artista trabalhe por vários dias no material antes que ele seque.

O artista Giovani Caramello produzindo a escultura *Rei do ego*, em 2015. *Frames* do vídeo que registra o processo criativo do artista nessa obra.

A MOLDAGEM

Após modelar as formas da escultura em plastilina, Caramello utilizou essa peça modelada para criar **moldes** (foto 5). Esses moldes são compostos de diversas camadas. Ele inicia pela camada de silicone, depois usa fibra de vidro e, em alguns casos, faz uma camada de gesso, ou de outros materiais com os quais conseguirá obter a estrutura e o nível de detalhes desejados para a obra (fotos 6 e 7). Após a finalização do molde e sua abertura, a peça inicialmente modelada em plastilina é descartada e Caramello fica apenas com o **molde do "negativo"** da obra. Observe as fotos.

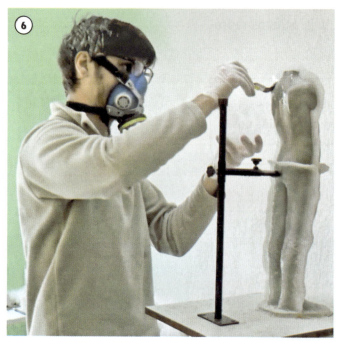

Giovani Caramello em processo de produção da escultura *Rei do ego* (2015). *Frames* do vídeo que registra a produção dessa obra.

AS CÓPIAS

Depois de concluir a etapa dos moldes, Caramello utiliza o molde do "negativo" da peça para fazer cópias, com o material pretendido, do que será a peça final. O artista injeta no molde o material escolhido – no caso da obra *Rei do ego*, o material é o silicone – e espera o tempo de cura e secagem do material (foto 8).

Finalizada a secagem e a cura, Caramello tem em mãos as peças do corpo da escultura. Inicia-se, então, a fase de caracterização e de finalização da peça.

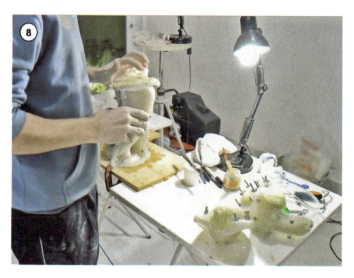

Nessa fase do processo de produção da escultura *Rei do ego*, o artista tem em mãos as peças do corpo da escultura.

A FINALIZAÇÃO

Com as partes da escultura obtidas dos moldes confeccionados na etapa anterior, Caramello passa para a etapa de finalização da escultura. Nessa etapa, ele vai pintar as peças, colá-las e inserir elementos como os fios de cabelo, os olhos de resina, a coroa e o tecido que se transformará no vestuário do menino representado na escultura. Observe as fotos 9 a 14.

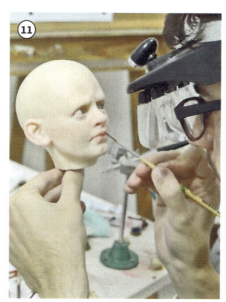
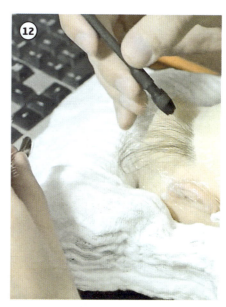

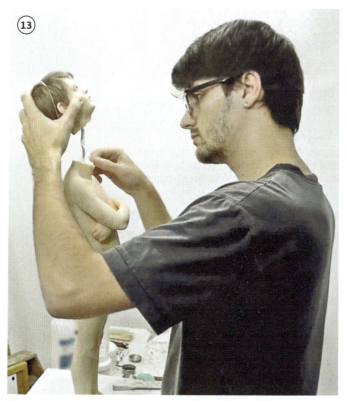
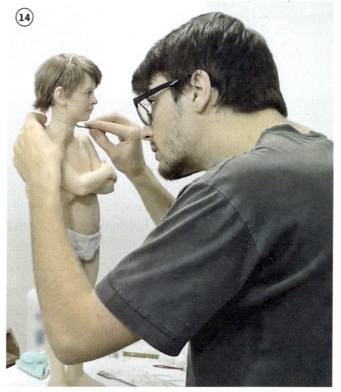

Giovani Caramello finalizando a escultura *Rei do ego* (2015). *Frames* do vídeo que registra a produção dessa obra.

O HIPER-REALISMO

As esculturas que conhecemos nas páginas anteriores são classificadas como hiper-realistas. O **Hiper-realismo** é uma corrente artística das artes visuais que surgiu na década de 1960, principalmente entre artistas estadunidenses.

Os artistas hiper-realistas criam obras em que buscam reproduzir com perfeição os detalhes e as proporções do objeto ou da pessoa representada. Observe a riqueza de detalhes das obras retratadas nas imagens reproduzidas a seguir.

 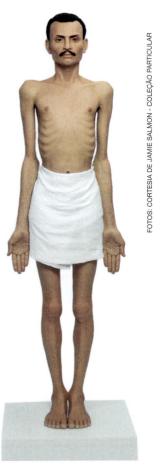

À esquerda, a obra *Sumô* (2009), de Jamie Salmon. Escultura de silicone, pigmentos, resina, tecido e cabelos, 295 × 200 × 122 cm. Coleção particular. À direita, *Guru Shrimadji* (2015), de Jamie Salmon. Escultura de silicone, pigmentos, resina, cabelos, tecido, metal e madeira, tamanho natural. Coleção particular.

As obras desta página são de autoria de Jamie Salmon, que, como vimos anteriormente, foi um dos artistas com quem Giovani Caramello estudou escultura. Note que é possível observar semelhanças quanto às características técnicas entre as obras desta página e as de Caramello que conhecemos nas páginas anteriores.

Os artistas Jamie Salmon e Jackie K. Seo trabalham há muitos anos em parceria. Ambos iniciaram suas carreiras nos Estados Unidos, na indústria cinematográfica e da televisão, onde atuavam no departamento de maquiagens especiais, como aquelas feitas em atores de filmes. Depois de vinte anos dedicando-se a essa área, eles decidiram começar a produzir pinturas e esculturas. A experiência com o cinema fez com que esses artistas introduzissem o uso da tecnologia, como a fotografia digital e os programas de animação em 3D, em seu processo criativo – outra característica da obra de Giovani Caramello.

DUANE HANSON

Observe a escultura retratada na foto desta página. Note que ela é tão realista que pode até mesmo nos confundir e nos fazer imaginar que se trata de uma pessoa real. Você tem essa percepção? Essa obra foi feita pelo artista estadunidense Duane Hanson (1925-1996), um dos principais representantes do Hiper-realismo.

Jovem compradora (1973), de Duane Hanson. Escultura de resina de poliéster, fibra de vidro e acessórios, dimensões variadas. Coleção particular.

Na produção de suas obras, Duane Hanson, em um primeiro momento, confeccionava moldes diretamente a partir de corpos humanos para, posteriormente, fazer as esculturas com materiais como resina e fibra de vidro. As esculturas eram finalizadas com vestimentas e acessórios. Uma característica das obras de Hanson é a representação de pessoas comuns em ações do cotidiano.

ATIVIDADE

- Com esculturas como a que conhecemos nesta página, Duane pretende provocar uma reflexão nas pessoas. Em sua opinião, que tipo de reflexão seria?

O TRABALHO DE RON MUECK

Na atualidade, um dos escultores hiper-realistas mais conhecidos em todo o mundo é Ron Mueck. Nascido na Austrália, Mueck cresceu vendo seus pais confeccionando brinquedos. Talvez por essa influência, no início de sua carreira, ele tenha se dedicado à produção de marionetes para filmes, programas de televisão e peças de teatro.

A representação da figura humana nas esculturas de Mueck é minuciosamente construída. Suas esculturas causam impacto pelas dimensões, detalhes e realismo das personagens, mas também pelos gestos e pelas situações nas quais estão apresentadas.

O realismo empregado por Mueck em suas obras é um dos aspectos pelos quais o público se impressiona com o trabalho dele. Veja, por exemplo, a obra mostrada nas imagens reproduzidas a seguir. O que mais chama sua atenção?

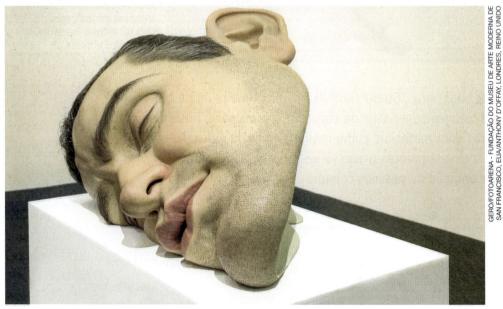

Imagens da obra *Máscara II* (2001-2002), de Ron Mueck. Escultura de resina de fibra de vidro, cabelos e pelos artificiais, 77,2 × 118,1 × 85,1 cm. Fundação do Museu de Arte Moderna de San Francisco, EUA/Anthony d'Offay, Londres, Reino Unido.

A MONUMENTALIDADE DAS OBRAS

Outra característica marcante da obra de Ron Mueck é que ele confere às suas obras, muitas vezes, proporções monumentais. Observe as fotos reproduzidas nesta página e compare o tamanho das esculturas com o das pessoas em volta.

Máscara II (2001-2002), de Ron Mueck. Escultura, técnica mista, 77,2 × 118,1 × 85,1 cm. Fundação do Museu de Arte Moderna de San Francisco, EUA/Anthony d'Offay, Londres, Reino Unido. Foto da exposição de Ron Mueck na Pinacoteca de São Paulo, em 2014.

Casal sob guarda-sol (2013), de Ron Mueck. Técnica mista, 300 × 400 × 500 cm. Coleção Caldic, Wassenaar, Holanda. Foto da exposição de Ron Mueck no Museu de Arte Moderna do Rio de Janeiro, em 2014.

PARA ASSISTIR

- **As obras de Ron Mueck na Pinacoteca de São Paulo.** *TV Folha*, 21 nov. 2014. Disponível em: <https://www.youtube.com/watch?v=AsQQvdyC-XM>. Acesso em: 25 maio 2018.

  Esse vídeo apresenta a exposição de Ron Mueck na Pinacoteca do Estado de São Paulo, que aconteceu entre novembro de 2014 e fevereiro de 2015. Além de informações sobre o artista, você poderá ver várias imagens das obras trazidas para a exposição.

ATIVIDADE PRÁTICA

- Nesta atividade, com a orientação do professor, você vai criar um trabalho tridimensional: a representação de uma figura humana, em escultura, visando experienciar a construção em três dimensões abordadas neste Tema. Para isso, atente para os materiais necessários e para as etapas indicadas a seguir.

Material:

- Folhas de jornal para proteger a carteira
- 140 cm de arame de alumínio ou ferro galvanizado nº 24 ou 25
- 4 placas quadradas (10 cm × 10 cm) cortadas de uma caixa de papelão ondulada e resistente
- Cola branca
- Fita adesiva
- Papel sulfite
- Lápis grafite
- Papel-alumínio
- Têmpera guache ou tinta acrílica
- Pincéis
- Recipiente para água e tecido de algodão para limpeza
- Água

Procedimentos:

a) Una, colando de forma sobreposta, as quatro placas de papelão. Reforce a base passando a fita adesiva e deixe a cola secar. Depois de seca, pinte-a com têmpera guache ou tinta acrílica, de maneira que a fita adesiva não apareça.

b) Seguindo as orientações do professor, desenhe um esquema do corpo humano em uma folha de papel sulfite. Você deverá usar esse desenho como referência para a criação de uma estrutura (armadura) com o arame.

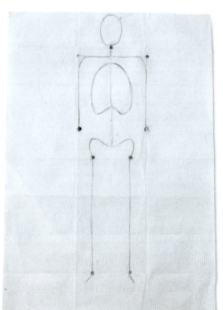

130

c) Use fita adesiva para prender as pontas do arame. Depois que a estrutura estiver pronta, coloque o corpo em diferentes posições.

 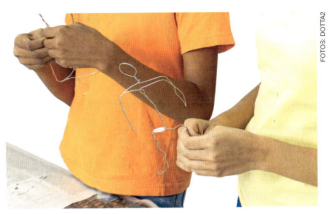

d) Com o papel-alumínio você vai agregar volume à estrutura de arame para dar forma à escultura. Para ficar mais resistente, passe um pouco de cola no arame e, aos poucos, enrole tiras do papel-alumínio ou amasse pequenos pedaços junto à estrutura até que ela adquira a forma desejada. É possível também adicionar outros adereços para caracterizar sua escultura, representando, por exemplo, uma bailarina, um palhaço ou um atleta. Dê asas à sua imaginação!

e) Depois que a escultura estiver pronta, será necessário fixá-la na base. Para isso faça dois furos na base de papelão, de maneira que as duas pontas de arame que restaram, além dos pés, entre nessa base. Antes de encaixá-las, coloque uma ou duas gotas de cola e depois segure por alguns minutos a estrutura para que fique firme sobre a base. Apresente sua escultura aos colegas e aprecie o trabalho deles.

131

TEMA 2 — A REPRESENTAÇÃO DO CORPO HUMANO NA ARTE

A *VÊNUS DE WILLENDORF*

Os seres humanos produzem esculturas desde os tempos mais antigos. A obra retratada nas fotos desta página, por exemplo, foi criada há milhares de anos. Observe as imagens abaixo e responda às questões propostas.

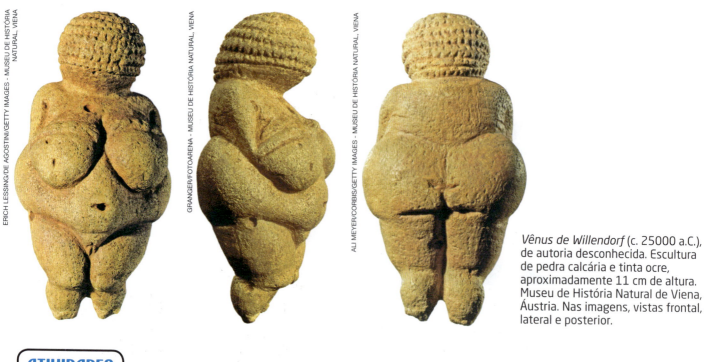

Vênus de Willendorf (c. 25000 a.C.), de autoria desconhecida. Escultura de pedra calcária e tinta ocre, aproximadamente 11 cm de altura. Museu de História Natural de Viena, Áustria. Nas imagens, vistas frontal, lateral e posterior.

ATIVIDADES

1. Descreva a escultura retratada nas fotos desta página. O que ela representa?

2. Qual foi o material usado na produção dessa escultura? Como você imagina que essa peça foi produzida?

3. Veja, na legenda, a altura dessa escultura. Em sua opinião, por que essa obra teria sido confeccionada com essas dimensões?

132

POR QUE VÊNUS?

Nos séculos XVIII e XIX, pesquisadores atribuíram a esculturas de figuras femininas, como a apresentada na página anterior, o nome *Vênus* (deusa romana do amor e da beleza), seguido do nome do local onde as encontraram. Existem muitas estatuetas parecidas com a *Vênus de Willendorf*. Observe nas imagens desta página outras peças encontradas.

Vênus de Dolní Věstonice (c. 29000 a.C.), de autoria desconhecida. Escultura de argila, 11,5 × 4 × 2,8 cm. Museu da Morávia, Brno, República Tcheca. Nas imagens, vistas frontal, lateral e posterior.

Vênus de Laussel (c. 25000 a.C.), de autoria desconhecida. Escultura de pedra calcária, e tinta ocre, com aproximadamente 46 cm de altura. Museu de Aquitânia, Bordeaux, França. Nas imagens, vistas frontal e lateral.

ATIVIDADES

1. Em sua opinião, as formas do corpo representadas nas esculturas desta página e da página anterior atenderiam ao ideal de beleza feminino que vigora hoje na sociedade?

2. Que diferenças podem ser notadas entre as esculturas das Vênus e as obras que estudamos no tema anterior?

O CORPO E A CULTURA

As representações artísticas do corpo humano podem revelar a percepção da pessoa sobre o próprio corpo em diferentes sociedades e em distintos períodos. Tais representações também nos mostram os critérios ou modelos que cada sociedade utilizou para definir o que é belo, ou seja, os padrões de beleza estabelecidos em cada período da história.

É provável que a primeira tentativa de padronizar um ideal de beleza para o corpo humano tenha se originado entre os gregos, na Antiguidade. Para eles, o corpo ideal devia seguir um padrão matemático, com perfeição. Partindo desse conceito de beleza, os gregos produziram uma série de esculturas que representam a beleza idealizada, bem distinta dos corpos no mundo real. Veja a escultura reproduzida nas imagens desta página e, em seguida, assista ao vídeo indicado ao lado e descubra mais informações sobre as esculturas gregas.

 Escultura grega
Nesse vídeo, você vai conhecer exemplos de esculturas gregas, além de outras características dessa produção artística.
Disponível em <http://mod.lk/aa7u4t2a>.

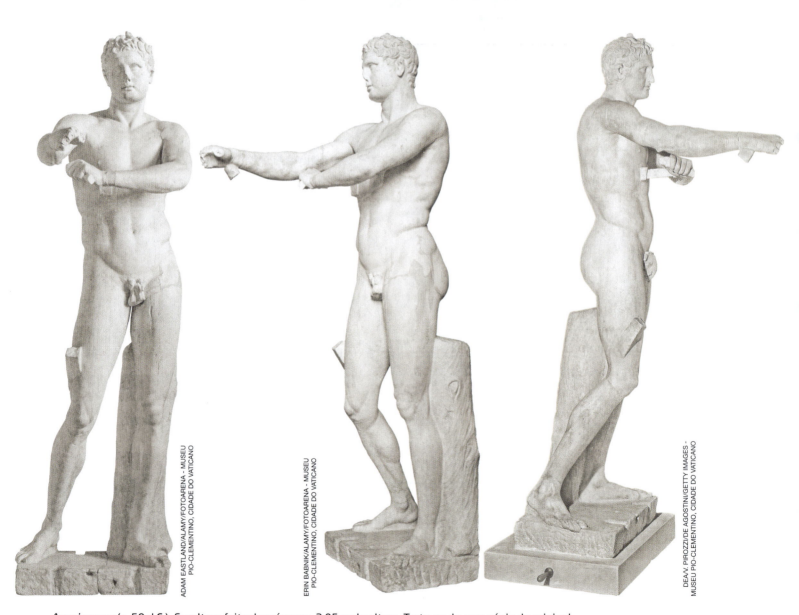

Apoxiomeno (c. 50 d.C.). Escultura feita de mármore, 2,05 m de altura. Trata-se de uma cópia do original em bronze (320 a.C.), que foi perdido e é atribuído ao escultor grego Lísipo. Museu Pio-Clementino, Vaticano. Nas imagens, a escultura é mostrada em vista frontal, lateral esquerda e lateral direita.

134

O CORPO SANTIFICADO

Observe a imagem reproduzida nesta página. Ela foi feita na Idade Média, período marcado pelo pensamento religioso. Durante essa época, a Igreja católica encomendava pinturas de **temas religiosos** para disseminar e propagar sua doutrina.

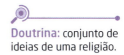

Doutrina: conjunto de ideias de uma religião.

Virgem e Menino entronizados e profetas (Santa Trinita Maestà) (c. 1290-1300) de Cimabue. Têmpera sobre madeira, 384 × 223 cm. Galeria Uffizi, Florença, Itália.

Os artistas medievais não tinham a preocupação de representar fielmente um objeto, mas apenas de ilustrar temas oficiais e religiosos. De acordo com os preceitos religiosos da época, o corpo era fonte de pecado e suas imagens não deveriam apelar à materialidade e à sensualidade; por isso, era representado de modo simplificado, com contornos discretos e quase totalmente coberto, como se pode notar na obra desta página. E o tamanho das figuras santificadas deveria corresponder à sua importância, por isso elas eram maiores que os humanos retratados.

135

CORPO E BELEZA

Os artistas europeus dos séculos XIV a XVI valorizavam a natureza, a inteligência e o conhecimento. Assim como vários filósofos e cientistas que viveram nessa época, eles queriam transmitir a ideia de que o ser humano era o centro do universo e buscavam inspiração na arte e na mitologia dos gregos e dos romanos da Antiguidade para realizar suas obras.

Nesse período, além dos nobres e da Igreja, os integrantes de uma nova classe social, a burguesia, passaram a apreciar e a adquirir obras de arte. Como vimos na Unidade 1, esse período ficou conhecido como **Renascimento** e alterou decisivamente os temas e as formas de representação artística.

Os artistas renascentistas desenvolveram estudos de anatomia para alcançar o realismo desejado na representação do corpo humano, tentando reproduzir de modo fiel a expressividade e as proporções da figura humana. Observe a pintura reproduzida a seguir e compare-a com a apresentada na página anterior. Depois, assista ao vídeo indicado ao lado e conheça outras características da arte renascentista.

Renascimento

Nesse vídeo, você vai conhecer outras pinturas, esculturas e artistas renascentistas, além de obter mais informações sobre a produção artística do Renascimento, como o desenvolvimento da técnica da perspectiva. Disponível em <http://mod.lk/aa7u4t2b>.

Nascimento de Vênus (c. 1485), de Sandro Botticelli. Têmpera sobre tela, 172,5 × 278,5 cm. Galeria Uffizi, Florença, Itália.

PARA ACESSAR

- ***Nascimento de Vênus***. Disponível em: <https://artsandculture.google.com/asset/the-birth-of-venus/MQEeq50LABEBVg>. Acesso em: 11 ago. 2018.

  Nesse *site*, você poderá aumentar bastante a imagem da obra *Nascimento de Vênus*, de modo a ver detalhes com muita nitidez. No botão com o ícone da figura humana, você poderá acessar uma imagem em 360 graus da sala da Galeria Uffizi onde essa obra – e várias outras – está exposta.

AS ESCULTURAS RENASCENTISTAS

Os artistas renascentistas também se dedicaram à produção de esculturas. As esculturas renascentistas eram feitas com a intenção de imitar a realidade. Os artistas buscavam reproduzir com perfeição as expressões e as proporções do corpo humano.

Uma das mais expressivas esculturas renascentistas é *Davi*, produzida por Michelangelo Buonarroti (1475-1564). Essa obra revela a influência da arte greco-romana e mostra a representação do corpo em posição semelhante àquela que vimos na obra *Apoxiomeno*. A peça foi esculpida em bloco de mármore de mais de 5 metros de altura e mostra Davi, o herói bíblico que venceu o gigante Golias.

Observe a imagem da obra *Davi* e assista ao vídeo indicado nesta página para obter mais informações sobre essa escultura.

Davi, de Michelangelo

Nesse vídeo, você poderá ver de perto os detalhes da escultura *Davi* e obter mais informações sobre essa obra, considerada um marco da escultura renascentista. Disponível em <http://mod.lk/aa7u4t2c>.

Davi (1501-1504), de Michelangelo. Escultura de mármore, 5,17 m de altura. Galeria da Academia, Florença, Itália.

Um dos detalhes que mais chamam a atenção nessa obra é o fato de as mãos de Davi terem sido esculpidas intencionalmente enormes pelo artista. Em sua opinião, por que Michelangelo teria esculpido mãos tão grandes? Responda a seguir e depois comente com os colegas.

_____
_____
_____

137

O HOMEM VITRUVIANO

Leonardo da Vinci (1452-1519) foi um dos mais importantes artistas do Renascimento. Além de pintor, escultor e desenhista, Da Vinci foi cientista e inventor e ficou conhecido também por lançar um "olhar investigativo" sobre tudo o que estava a seu redor.

Para realizar suas obras, Da Vinci estudou e recuperou princípios da arte greco-romana, como a ordem, o equilíbrio, a harmonia e a unidade. A partir desse resgate e da sua própria observação, Da Vinci criou suas próprias regras para a representação do corpo humano e as sistematizou em uma série de desenhos. O principal deles é *O homem vitruviano*, reproduzido a seguir.

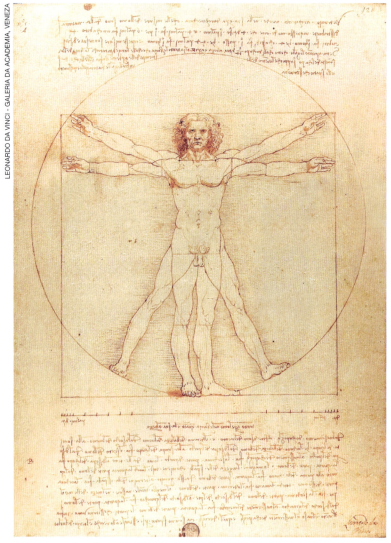

O homem vitruviano (1492), de Leonardo da Vinci. Caneta e tinta sobre papel, 34,3 × 24,5 cm. Galeria da Academia, Veneza, Itália.

O título da obra *O homem vitruviano* é uma referência ao arquiteto romano Marco Vitrúvio Polião, que viveu no século I e escreveu um tratado sobre a arquitetura intitulado *Dez livros da arquitetura*. Em seus escritos, esse arquiteto defendeu a importância de considerar as medidas do corpo humano como base para o desenho arquitetônico, ideia presente, ainda hoje, nos fundamentos da arquitetura.

PARA ACESSAR

• *"Homem vitruviano" de Da Vinci ganha versão em 3D*. O Estado de S.Paulo. 15 jul. 2017. Disponível em: <https://cultura.estadao.com.br/noticias/artes,homem-vitruviano-de-da-vinci-ganha-versao-em-3d,70001891724>. Acesso em: 11 ago. 2018.

Nesse texto, que trata da exposição *Leonardo3 – o mundo de Leonardo*, realizada em 2017 na Galeria Vittorio Emanuele, em Milão, Itália, você poderá assistir a dois vídeos. No primeiro, *O homem vitruviano* é apresentado em 3D, possibilitando que se veja bastante bem a anatomia do desenho de Da Vinci. O segundo vídeo apresenta protótipos de projetos do artista que estavam na exposição.

O ARTISTA E SUA OBRA

Leonardo da Vinci

Leonardo da Vinci nasceu na cidade de Vinci, perto de Florença, na Itália, em 1452. Desde pequeno, Da Vinci demonstrou ter muito talento para o desenho. Quando ele tinha 17 anos, seu pai o apresentou a Andrea del Verrocchio (1435-1488), um artista famoso em Florença. Leonardo tornou-se aprendiz no ateliê de Verrocchio, onde aprendeu desde diferentes técnicas de pintura até a criação de projetos de escultura em mármore e em bronze.

Da Vinci desenvolveu de tal modo seu talento que superou o mestre. A partir de então, tornou-se um artista independente e passou a receber convites de pessoas ricas e poderosas para realizar obras de pintura, escultura, arquitetura e engenharia. Da Vinci é o autor de *Mona Lisa*, uma das pinturas mais conhecidas em todo o mundo.

Em suas anotações, Da Vinci deixou vários esboços que certificam sua criatividade. Um deles foi uma espécie de máquina de voar com hélice em espiral. Por essa razão, ele é considerado o precursor da invenção do helicóptero.

Mona Lisa (c. 1503-1519), de Leonardo da Vinci. Óleo sobre madeira, 77 × 53 cm. Museu do Louvre, Paris, França.

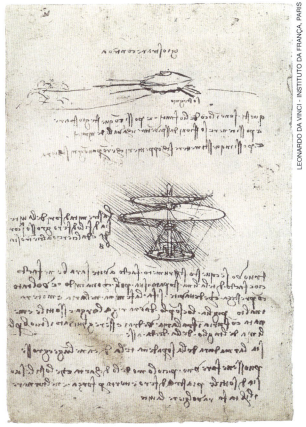

Máquina voadora (c. 1488-1490), de Leonardo da Vinci. Caneta e tinta sobre papel, 23,2 × 16,5 cm. Biblioteca do Instituto da França, Paris, França.

Da Vinci trabalhou em Florença, Milão, Mântua, Veneza e Roma. No final da vida, a convite do rei Francisco I, da França, Leonardo foi morar no castelo de Cloux, perto de Amboise, onde morreu em 1519.

ATIVIDADE PRÁTICA

- Ao longo deste Tema, você conheceu esculturas e pinturas que trazem a representação do corpo humano em diferentes períodos da história. Agora, você vai experienciar fazer uma representação artística do corpo humano. Para isso, sob a orientação do professor, reúna-se com quatro colegas e organizem os materiais de que vão precisar. Depois, sigam os passos descritos abaixo.

Material:

- Folhas de papel *kraft*
- Fita métrica ou trena
- Régua
- Lápis
- Barbante
- Cola
- Fita adesiva
- Tesoura com pontas arredondadas
- Giz de cera

Procedimentos:

a) Para iniciar, é necessário escolher quem será a pessoa cujo contorno do corpo será traçado.

b) Meçam a altura da pessoa escolhida com a fita métrica.

c) Estendam as folhas de papel *kraft* no chão para cortá-lo com a tesoura. As folhas devem ser emendadas com cola e/ou fita adesiva para que se obtenha uma área de aproximadamente 2 metros quadrados.

d) O papel deverá ser fixado no chão com fita adesiva para impedir que se movimente durante a realização do trabalho.

e) Se possível, tirem os sapatos para pisar sobre o papel.

f) Tracem no papel, com a régua, um quadrado que tenha como medida a altura da pessoa que será o modelo.

g) Depois de desenhado o quadrado, tracem suas duas diagonais de maneira que encontrem seu ponto central.

h) O aluno escolhido como modelo deverá deitar-se sobre o papel de maneira que seu quadril fique sobre o ponto de cruzamento das diagonais do quadrado.

i) Com o lápis ou o giz de cera, tracem o contorno do corpo no papel. Vocês devem traçar tendo em mente as posições de *O homem vitruviano*: a primeira com as pernas e os pés unidos e com os braços abertos formando 90 graus em relação ao eixo do corpo; depois, com as pernas abertas e os braços ligeiramente elevados.

j) Marquem no papel um ponto na altura do umbigo do aluno modelo; esse será o ponto "O", origem do raio da circunferência que deverá ser traçada.

k) Prendam um lápis na ponta do barbante; deixem uma extensão de barbante que seja a medida do ponto do umbigo aos pés desenhados unidos no quadrado.

l) Um dos alunos deverá segurar com firmeza a ponta do barbante no ponto do umbigo que foi previamente marcado no papel, enquanto outro aluno, esticando o barbante, traçará a circunferência com o lápis.

TEMA 3

DO REALISMO AO SURREALISMO

A PINTURA REALISTA

Ao longo desta Unidade você conheceu diversas pinturas e esculturas. Algumas dessas obras, de tão realistas, poderiam até confundir o espectador. Alguns artistas, no entanto, criam obras com as quais buscam representar uma realidade social. É o caso da pintura reproduzida a seguir.

As respigadeiras (1857), de Jean-François Millet. Óleo sobre tela, 83,5 × 110 cm. Museu d'Orsay, Paris, França.

ATIVIDADES

1. Quais seriam as personagens representadas na pintura? O que elas estariam fazendo?

2. Que cores foram utilizadas pelo artista?

3. Qual seria o tema dessa obra?

142

O REALISMO

A pintura *As respigadeiras* é de autoria de Jean-François Millet (1814-1875), artista que produziu muitas obras representando cenas cotidianas dos espaços domésticos e do mundo do trabalho. A esse tipo de produção artística dá-se o nome de **pintura de gênero**.

Millet integrou o **Realismo**, movimento artístico que surgiu na Europa em meados do século XIX e propunha a substituição dos temas históricos, mitológicos e religiosos por cenas do cotidiano de pessoas simples, como as respigadeiras da obra da página anterior. Outro nome de destaque desse movimento foi Gustave Courbet (1819-1877), autor da pintura reproduzida a seguir.

Mulheres peneirando trigo (1854), de Gustave Courbet. Óleo sobre tela, 131 × 167 cm. Museu de Belas-Artes de Nantes, França.

Os artistas realistas buscavam representar as pessoas e o mundo como concretamente são, sem nenhum tipo de idealização. Com esse tipo de composição, artistas como Millet e Courbet desejavam chamar a atenção para problemas vividos, por exemplo, pelos trabalhadores do campo. Eles acreditavam que suas obras, dessa forma, poderiam contribuir para a conscientização das pessoas.

O REALISMO NO BRASIL

O Realismo influenciou o trabalho de muitos artistas brasileiros. Um deles foi José Ferraz de Almeida Júnior (1850-1899), autor da obra reproduzida a seguir.

Leitura (1892), de Almeida Júnior. Óleo sobre tela, 95 × 141 cm. Pinacoteca do Estado de São Paulo, São Paulo (SP).

Nascido em Itu, no interior de São Paulo, Almeida Júnior ingressou na Academia Imperial de Belas Artes (Aiba) em 1869, onde foi aluno do pintor Victor Meirelles (1832-1903), considerado um dos mais importantes representantes da **pintura histórica** no Brasil. Nas pinturas históricas são representados temas e fatos históricos.

Ao concluir os estudos na Aiba, Almeida Júnior retornou para Itu e abriu um ateliê. Em 1876, embarcou para Paris, após ganhar uma bolsa de estudos do imperador Dom Pedro II (1825-1891), que, em visita à cidade de Itu, ficou impressionado com o talento do artista.

Nos anos em que viveu e estudou em Paris, Almeida Júnior teve contato com o Realismo, sendo que uma de suas maiores influências foi Gustave Courbet, que conhecemos na página anterior.

PARA ACESSAR E VISITAR

• *Pinacoteca do Estado de São Paulo*
Site: <http://www.pinacoteca.org.br/>.
Acesso em: 12 ago. 2018.
Endereço: Praça da Luz, 2. Luz.
São Paulo (SP). CEP: 01120-010.

No acervo da Pinacoteca do Estado de São Paulo, há obras significativas produzidas do século XIX até os dias atuais, entre as quais se incluem obras de Almeida Júnior. No *site*, é possível apreciar algumas obras e pesquisar dados sobre elas, como técnica, data e dimensões.

A TEMÁTICA REGIONALISTA NAS OBRAS DE ALMEIDA JÚNIOR

Influenciado pelo Realismo, Almeida Júnior se interessou pela temática regionalista e passou a criar obras em que representava de maneira realista o ambiente e os costumes de homens e mulheres simples que viviam no interior, longe dos centros urbanos.

Por causa dessas obras de temática regionalista, em que representava o modo de vida do homem do campo, Almeida Júnior passou a ser considerado um dos mais originais pintores brasileiros e o que mais contribuiu para a composição de um retrato legítimo do povo. Veja ao lado uma obra de temática regionalista criada pelo artista.

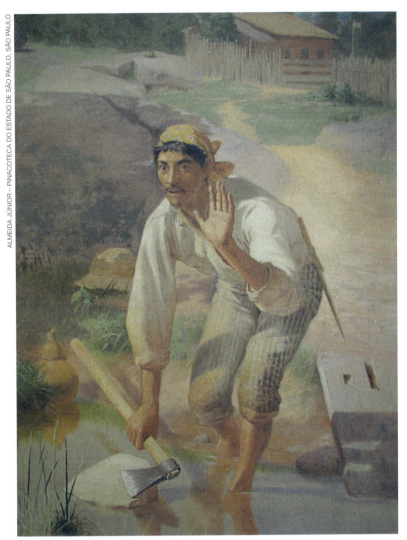

Amolação interrompida (1894), de Almeida Júnior. Óleo sobre tela, 200 × 140 cm. Pinacoteca do Estado de São Paulo, São Paulo (SP).

A recuperação de obras de arte

Parte das obras de Almeida Júnior encontra-se na Pinacoteca do Estado de São Paulo. Além de cuidar da conservação das obras de seu acervo, instituições como a Pinacoteca frequentemente investem na restauração, ou seja, na recuperação dessas obras, com a finalidade de devolver-lhes o aspecto original.

O restaurador Manuel Ley Rodriguez na fase final do restauro da pintura *Nhá Chica*, de Almeida Júnior, em São Paulo (SP), em 2006.

IMAGENS ALÉM DO REAL

Observe a obra reproduzida a seguir e responda às questões propostas.

O mago (*autorretrato com quatro braços*) (1951), de René Magritte. Óleo sobre tela, 32,5 × 35 cm. Coleção particular.

ATIVIDADES

1. Quem seria a pessoa representada na pintura reproduzida nesta página?

2. O que mais chamou sua atenção nessa pintura?

3. Você acha que podemos classificar essa obra como realista? Por quê?

4. O que você acha da escolha do título dessa pintura? Se pudesse dar outro nome para ela, qual seria?

O SURREALISMO

A obra *O mago (autorretrato com quatro braços)* é de autoria de René Magritte (1898-1967), artista que nasceu na Bélgica e, aos 12 anos, teve o primeiro contato com a pintura. Ao longo de sua carreira, Magritte se destacou por criar obras que, assim como a obra reproduzida na página anterior, representam algo que não parece real.

René Magritte foi um dos principais integrantes do **Surrealismo**, movimento que teve início na Europa no período entreguerras. Inicialmente, o Surrealismo foi um movimento literário, mas logo se estendeu para áreas como a pintura, a música, o teatro, o cinema e a fotografia.

Período entreguerras: período marcado por instabilidade política e econômica que se estendeu do fim da Primeira Guerra Mundial (1914-1918) até o início da Segunda Guerra Mundial (1939-1945).

René Magritte e sua obra *O peregrino* (1966). Foto de 1967.

A palavra *surrealismo* deriva do termo *sur-réaliste*, empregado pela primeira vez em 1917 pelo poeta francês Guillaume Apollinaire (1880-1918). Essa palavra foi criada para designar algo que está "além da realidade", ou seja, que ultrapassa a realidade.

Os surrealistas estabeleceram uma forma diferente de interpretar o mundo e de se expressar artisticamente. Eles desejavam romper as barreiras que separam a razão e a emoção, o sonho e a realidade, o consciente e o inconsciente.

PARA LER

- *Alice no país das maravilhas*, de Lewis Carroll. Tradução de Nicolau Sevcenko. Ilustrações de Luiz Zerbini. São Paulo: Cosac Naify, 2009.

Clássico da literatura universal, esse livro, escrito em 1865, portanto muito antes do surgimento do movimento surrealista, apresenta histórias e personagens que intrigam e causam estranhamento pelas situações imprevisíveis e absurdas, de modo semelhante ao que acontece com a arte surrealista.

147

TÉCNICAS SURREALISTAS

Os artistas surrealistas utilizavam uma série de técnicas para obter os resultados desejados em suas produções visuais. Uma dessas técnicas é a **colagem**.

A colagem consiste na criação de uma obra por meio da sobreposição ou da justaposição de elementos como recortes de jornais, revistas e papéis pintados.

Observe a aplicação da técnica da colagem na obra do artista Max Ernst (1891-1976), reproduzida ao lado. Para produzir a obra *A anatomia, jovem casada*, Max Ernst recortou imagens de revistas e as colou sobre um suporte de papel, além de ter utilizado guache e grafite.

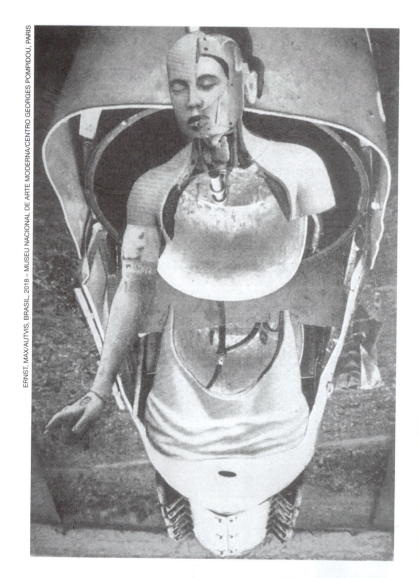

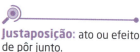

Justaposição: ato ou efeito de pôr junto.

A anatomia, jovem casada (1921), de Max Ernst. Colagem com recortes de revistas, guache e grafite sobre papel, 10,7 × 7,8 cm. Museu Nacional de Arte Moderna/Centro Georges Pompidou, Paris, França.

Outra técnica utilizada pelos surrealistas era a **cubomania**. Essa técnica consiste na realização de uma colagem a partir de uma imagem recortada em quadrados e organizada aleatoriamente. Veja um exemplo de aplicação da cubomania na obra de Ghérasim Luca (1913-1994), reproduzida ao lado.

Cubomania 24 (sem data), de Ghérasim Luca. Colagem, 76 × 56 cm. Coleção particular.

DECALCOMANIA

Outra técnica utilizada pelos artistas surrealistas é a **decalcomania**. Observe a obra a seguir, na qual essa técnica foi utilizada. Como o artista Oscar Domínguez teria realizado essa obra? Comente suas hipóteses com os colegas.

Sem título (1936-1937), de Oscar Domínguez. Decalcomania (guache transferido) sobre papel, 15,4 × 21,9 cm. Museu de Arte Moderna de Nova York (MoMA), Estados Unidos.

A técnica da decalcomania consiste no processo de comprimir tinta entre duas superfícies para obter uma imagem espelhada. Os surrealistas utilizavam essa técnica, por exemplo, para a obtenção de imagens de paisagens e de criaturas míticas, como a que vemos na obra acima.

Essa é uma técnica que pode ser aplicada de maneira muito simples. Por exemplo, coloca-se tinta sobre um papel e deve-se dobrá-lo aplicando pressão para que se forme a imagem.

Além de Oscar Domínguez (1906-1957), outro artista surrealista que utilizava a decalcomania era Max Ernst (1891-1976), autor da obra ao lado.

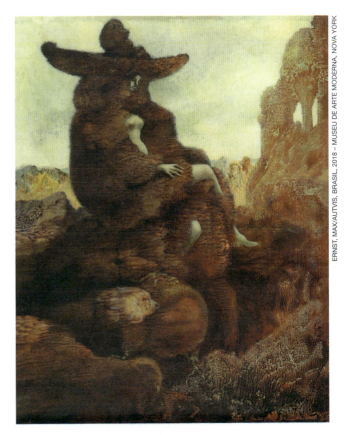

Alice em 1941 (1941), de Max Ernst. Decalcomania (óleo transferido) sobre papel montado em tela, 40 × 32,3 cm. Museu de Arte Moderna, Nova York, Estados Unidos.

ESCULTURAS SURREALISTAS

Artistas surrealistas também expressaram sua visão de mundo por meio de esculturas. Nessas criações, esses artistas abandonaram os modelos tradicionais e exploraram novas possibilidades técnicas e temáticas.

O escultor Alberto Giacometti (1901-1966) aderiu ao movimento surrealista em 1931. Embora o artista tenha se desligado do movimento em 1935, a influência surrealista continuou presente em suas obras. A escultura *Mesa surrealista*, cuja imagem está reproduzida nesta página, foi criada para a exposição surrealista realizada em 1933.

Assim como nas obras bidimensionais mostradas nas páginas anteriores, as esculturas surrealistas também representavam situações imprevisíveis e, muitas vezes, perturbadoras. Observe a escultura *Mesa surrealista*. Ela causa estranhamento em você? O que nessa escultura poderia ser real? E o que poderia ser irreal?

Mesa surrealista (1933), de Alberto Giacometti. Escultura original em gesso, 148,5 × 103 × 43 cm. Museu Nacional de Arte Moderna/Centro Georges Pompidou, Paris, França.

Na escultura *Mesa surrealista*, Giacometti representou uma figura feminina sustentada por uma mesa. Observe que os pés da mesa são diferentes entre si e essa figura parece ameaçar o equilíbrio do objeto, pois seu peso se concentra apenas em um lado. O artista representou também diversos objetos espalhados sobre a mesa, incluindo uma mão que parece ter sido cortada.

OBJETOS SURREALISTAS

Observe as obras mostradas nas fotos desta página. A exemplo das esculturas que conhecemos ao longo desta Unidade, estas obras são tridimensionais, ou seja, possuem altura, largura e profundidade. Mas note que, na produção delas, foram utilizados objetos do dia a dia. Observe as fotos atentamente e tente identificar os objetos.

Telefone-lagosta (1936), de Salvador Dalí. Aço, gesso, borracha, resina e papel, 17,8 × 33 × 17,8 cm. Tate Britain, Londres, Reino Unido.

Cabeça de touro (1942), de Pablo Picasso. Guidão metálico e assento de couro de bicicleta, 33,5 × 43,5 × 19 cm. Museu Picasso, Paris, França.

Obras como as apresentadas nesta página são conhecidas como **objetos** e, para criá-los, os artistas surrealistas combinavam diferentes elementos deslocados de sua função e de sua forma originais. Com esse procedimento, davam asas à imaginação, provocando o estranhamento característico das situações absurdas, cômicas ou angustiantes.

Os objetos mostrados nesta página são de autoria de Salvador Dalí (1904-1989) e Pablo Picasso (1881-1973). O objeto criado por Dalí surpreende o público por reunir um telefone e uma lagosta. Já a obra de Picasso tem a forma de um touro, elemento recorrente em suas produções, e é composta de partes de uma bicicleta. Algum desses objetos o surpreendeu? Por quê? Comente com os colegas.

PARA LER

- **A arte fantástica do surrealismo, de Paula Americano**. *Ciência Hoje das Crianças*, 4 out. 2001. Disponível em: <http://chc.org.br/a-arte-fantastica-do-surrealismo/>. Acesso em: 12 ago. 2018.

  Esse texto conta a história do Surrealismo, o movimento artístico que apresentava a ideia de tornar o ser humano mais livre e criativo. Valorizava o fantástico, os sonhos e o rompimento com as convenções da realidade.

Surrealismo no Brasil

O Surrealismo tornou-se conhecido no Brasil no fim da década de 1920 e influenciou a produção de diversos artistas. Um desses artistas brasileiros foi Ismael Nery (1900-1934). Nascido em Belém, no Pará, Nery mudou-se ainda criança para o Rio de Janeiro, onde estudou na Escola Nacional de Belas Artes (Enba). Na década de 1920, viajou para Paris, onde teve contato com o Surrealismo.

Nas composições de Ismael Nery, em geral, são representadas figuras humanas que habitam cenários imaginários. A obra desse artista foi reconhecida apenas na década de 1960, muitos anos depois de sua morte, quando foram realizadas diversas exposições com suas produções. Hoje, porém, Nery é considerado um dos maiores artistas de sua geração.

Composição surrealista (1929), de Ismael Nery. Óleo sobre tela, 67,0 × 56,5 cm. Coleção particular.

PARA ACESSAR

- ***Ismael Nery***. MAC – Museu de Arte Contemporânea da Universidade de São Paulo. Disponível em: <http://www.mac.usp.br/mac/templates/projetos/seculoxx/modulo2/modernismo/artistas/nery/index.htm>. Acesso em: 29 maio 2018.

Na página de Ismael Nery no *site* do MAC é possível ler uma pequena biografia do artista. No *link Ver obras no MAC* você poderá acessar a imagem das obras de Nery que fazem parte do acervo do museu e ler um pequeno texto sobre cada uma delas.

ATIVIDADE PRÁTICA

- Nesta atividade, você vai experienciar uma das técnicas utilizadas pelos surrealistas: a decalcomania. Para isso, providencie os materiais, atente para as orientações do professor e siga os passos indicados a seguir.

Material:

- Folhas de jornal ou plástico para proteger a carteira
- Cola branca
- Têmpera guache nas cores vermelha, amarela, azul, branca e preta
- Água
- Pincéis
- Cartolina no tamanho A4
- Placa de papelão no tamanho A4
- Pedaços de plástico de diferentes tipos (sacolas, plástico bolha etc.)
- Recipientes para água e para cola
- Pano para limpeza ou papel toalha
- Lápis coloridos e/ou giz de cera

Procedimentos:

a) Inicie o trabalho forrando a carteira com jornal ou plástico.

b) Sobre a carteira forrada, coloque a cartolina e passe sobre ela uma espessa camada de cola branca. Deixe secar completamente.

c) Depois que a cola estiver seca, com o pincel distribua pequenas gotas de têmpera guache de cores diferentes sobre a cartolina. Atente para que a camada de tinta seja espessa.

d) Estenda um pedaço de plástico sobre a cartolina, crie rugas com o plástico e pressione com as mãos, para que o plástico se acomode sobre a cartolina entintada.

e) Você poderá variar o tipo de pressão, com os dedos, com a palma da mão, ou passar os dedos firmemente, criar rugas com o plástico, mas tome cuidado para não rasgar o plástico nem tirá-lo do lugar.

f) Depois, coloque a placa de papelão sobre o trabalho (um caderno também poderá ser colocado sobre o papelão) para manter a pressão por algumas horas. Retire o papelão e, cuidadosamente, vá soltando o plástico da cartolina, e muitas formas interessantes vão surgir!

g) Observe atentamente as formas que estão sobre a cartolina e procure verificar ou imaginar com o que elas se assemelham.

h) Depois de refletir, reelabore as texturas para criar imagens, que podem ser abstratas ou figurativas. Utilize guache, lápis ou giz de cera.

i) Mostre seu trabalho para os colegas e aprecie o trabalho deles. Vocês poderão montar uma mostra na sala de aula ou em um painel da escola.

153

ATITUDES PARA A VIDA

Em busca do inusitado

Quando falamos da realidade que nos circunda, por mais que tentemos ser objetivos e acreditemos impedir que nossa própria visão de mundo interfira no resultado do trabalho artístico, é inevitável que, de alguma maneira, nossa subjetividade interfira. É o reconhecimento desse fato que diferencia o Surrealismo de outras formas de fazer arte.

Os surrealistas ficavam atentos às associações e aos sonhos, buscando desenvolver, ao mesmo tempo, sua capacidade de entender de maneira simbólica os acontecimentos que retratavam em suas obras. Assim, os surrealistas usavam **imagens simbólicas** em suas técnicas de criação artística. Esse entendimento da realidade está profundamente ligado aos conteúdos inusitados, ou seja, fora do comum, que suas obras apresentam.

Um método bastante conhecido dos surrealistas para encontrar situações inusitadas no cotidiano era o **acaso objetivo**. Com base na ideia de que acontecimentos que aparentemente se davam por acaso podiam ter relação uns com os outros, os artistas se reuniam para contar uns para os outros o que havia acontecido em determinados momentos de seus dias, e esses relatos eram depois utilizados para inspirar a criação de obras de arte. Muitas vezes eles descobriam correspondências e coincidências entre as suas experiências diárias, e isso se tornava inspiração para suas criações.

Encontro dos amigos (1922), de Max Ernst. Óleo sobre tela, 130 × 195 cm. Museu Ludwig, Colônia, Alemanha. A pintura retrata um encontro imaginário entre surrealistas e outros artistas – alguns já mortos naquele momento – em um café de Paris, no qual estariam presentes René Crevel, Philippe Soupault, Hans Arp, Max Ernst, Max Morise, Fiódor Dostoiévski, Rafael Sanzio, Theodore Fraenkel, Paul Éluard, Jean Paulhan, Benjamin Péret, Louis Aragon, André Breton, J. T. Baargeld, Giorgio de Chirico, Gala Éluard e Robert Desnos.

QUESTÕES

1. Em dupla com um colega, vocês vão fazer um exercício de imaginação que tem a ver com os jogos que os surrealistas faziam em seus encontros.

    a) Contem um para o outro como foi o caminho que vocês fizeram hoje para a escola.

    – Como vocês chegaram à escola?

    – O que cada um de vocês viu no caminho?

    – Alguma coisa que aconteceu na rua chamou a atenção de vocês?

    – Se não aconteceu nada de diferente, tentem se lembrar dos detalhes ao longo do caminho.

    b) Observe novamente a obra *O mago* (*autorretrato com quatro braços*), de René Magritte, que foi apresentada nesta Unidade.

    Nela, um homem, executando ações cotidianas, é representado de maneira fantástica, criando um quadro que mostra simultaneamente ações que acontecem em sucessão, isto é, uma por vez.

    Vocês vão, da mesma forma que Magritte, misturar suas histórias em um único desenho. Se acharem que fica muito confusa a mistura, usem cores para distinguir cada parte da história. Procurem incluir no desenho cada detalhe das histórias de vocês.

    O mago (*autorretrato com quatro braços*) (1951), de René Magritte. Óleo sobre tela, 32,5 × 35 cm. Coleção particular.

2. Apresentem o resultado do seu trabalho para os colegas e para o professor, explicando em linhas gerais o que está retratado no desenho.

3. Quais das atitudes para a vida a seguir vocês tiveram de usar para cumprir a tarefa proposta? Por quê?

    a) Aplicar conhecimentos prévios a novas situações ( )

    b) Escutar os outros com atenção e empatia ( )

    c) Assumir riscos com responsabilidade ( )

    d) Esforçar-se por exatidão e precisão ( )

155

ORGANIZAR O CONHECIMENTO

1. Identifique e assinale os nomes dos artistas hiper-realistas apresentados nesta Unidade.

( ) Duane Hanson   ( ) Jamie Salmon

( ) Giovani Caramello   ( ) Ron Mueck

( ) Gustav Klimt   ( ) Ismael Nery

( ) Michelangelo Buonarroti   ( ) René Magritte

Se você errou essas respostas, retome a leitura do Tema 1, "Obras que parecem ganhar vida".

2. Escreva verdadeiro (V) ou falso (F) nas afirmativas a seguir.

( ) O trabalho feito por um escultor é dar forma a determinada matéria. Para isso, ele pode usar métodos diversos, como esculpir ou modelar. A diferença básica entre o processo de esculpir e o de modelar é que no primeiro há a adição de matéria e no segundo há a remoção de matéria.
Se você errou essa resposta, retome a leitura do tópico "A modelagem de uma escultura".

( ) Acredita-se que a primeira tentativa de padronizar um ideal de beleza para o corpo humano tenha sido feita na Antiguidade, pelos gregos. Para eles, o corpo ideal devia seguir um padrão matemático, com perfeição. Tendo esse conceito de beleza como base, os gregos produziram uma série de esculturas que representam essa beleza idealizada, bem diferente dos corpos no mundo real.
Se você errou essa resposta, retome a leitura do tópico "O corpo e a cultura".

( ) Os artistas medievais tinham a preocupação de ilustrar temas oficiais e religiosos, além de representar fielmente os objetos e as figuras santificadas.
Se você errou essa resposta, retome a leitura do tópico "O corpo santificado".

( ) Ismael Nery, representante do Surrealismo brasileiro, atualmente é considerado um dos maiores artista de sua geração.
Se você errou essa resposta, retome a leitura do boxe "Surrealismo no Brasil".

3. Cite algumas características do Realismo, movimento artístico surgido na Europa em meados do século XIX, e o nome de pelo menos um artista desse movimento.

_____

_____

_____

_____

Se você errou essa resposta, retome a leitura do tópico "O Realismo".

4. Os artistas surrealistas utilizavam uma série de técnicas para obter os resultados desejados em suas produções visuais. Identifique e escreva o nome das técnicas descritas abaixo.

a) Criação de uma obra por meio da sobreposição ou da justaposição de elementos como recortes de jornais, revistas e papéis pintados: _____.

b) Realização de uma colagem por meio de uma imagem recortada em quadrados e organizada aleatoriamente: _____.

c) Processo de comprimir tinta entre duas superfícies para obter uma imagem espelhada:
_____.

Se você errou essas respostas, retome a leitura do tópico "Técnicas surrealistas".

156

BIBLIOGRAFIA

ARGAN, Giulio Carlo. *Arte moderna*. Tradução Denise Bottmann e Federico Carotti. São Paulo: Companhia das Letras, 1992.

BARBOSA, Ana Mae. *Redesenhando o desenho*: educadores, política e história. São Paulo: Cortez, 2015.

BARBOSA, Ana Mae; CUNHA, Fernanda (Org.). *Abordagem triangular no ensino das artes e culturas visuais*. São Paulo: Cortez, 2010.

BERTHOLD, Margot. *História mundial do teatro*. Tradução Maria Paula V. Zurawski, J. Guinsburg, Sérgio Coelho e Clóvis Garcia. 6. ed. São Paulo: Perspectiva, 2014.

BOURCIER, Paul. *História da dança no Ocidente*. Tradução Marina Appenzeller. 2. ed. São Paulo: Martins Fontes, 2001.

BRASIL. Ministério da Educação. *Base Nacional Comum Curricular*. Brasília: MEC, 2017.

BRASIL. Secretaria de Educação Fundamental. *Parâmetros Curriculares Nacionais*: arte. Brasília: MEC/SEF, 1998.

BRITO, Teca Alencar de. *Koellreutter educador*: o humano como objetivo da educação musical. 2. ed. São Paulo: Peirópolis, 2011.

CASCUDO, Luiz da Câmara. *Dicionário do folclore brasileiro*. 9. ed. São Paulo: Global, 2000.

CAUQUELIN, Anne. *Arte contemporânea*: uma introdução. Tradução Rejane Janowitzer. São Paulo: Martins, 2005. (Coleção Todas as artes)

COSTA, Cristina. *Questões de arte*: o belo, a percepção estética e o fazer artístico. 2. ed. reform. São Paulo: Moderna, 2004.

CUNHA, Fernanda. *Cultura digital na e-arte-educação*: educação digital crítica. Tese (doutorado). Escola de Comunicações e Artes da Universidade de São Paulo, 2008.

CUNHA, Newton. *Dicionário Sesc*: a linguagem da cultura. São Paulo: Sesc São Paulo/Perspectiva, 2003.

DECKERT, Marta. *Educação musical*: da teoria à prática na sala de aula. São Paulo: Moderna, 2012.

DONDIS, Donis A. *Sintaxe da linguagem visual*. Tradução Jefferson Luiz Camargo. 3. ed. São Paulo: Martins Fontes – Selo Martins, 2015.

FARIA, João Roberto; GUINSBURG, Jacó; LIMA, Mariangela Alves de (Org.). *Dicionário do teatro brasileiro*. São Paulo: Perspectiva, 2009.

FARIAS, Agnaldo. *Arte brasileira hoje*. São Paulo: Publifolha, 2002. (Coleção Folha explica)

FONTERRADA, Marisa Trench de Oliveira. *De tramas e fios*: um ensaio sobre música e educação. 2. ed. São Paulo: Editora Unesp; Rio de Janeiro: Funarte, 2008.

GOMBRICH, E. H. *A história da arte*. Tradução Cristiana de Assis Serra. Rio de Janeiro: LTC, 2013.

GUINSBURG, J.; BARBOSA, Ana Mae. *O pós-modernismo*. São Paulo: Perspectiva, 2005.

ISAACS, Alan; MARTIN, Elizabeth (Org.). *Dicionário de música*. Tradução Álvaro Cabral. Rio de Janeiro: Zahar, 1985.

KOUDELA, Ingrid Dormien. *Jogos teatrais*. 7. ed. São Paulo: Perspectiva, 2011. (Debates Teatro)

KRIEGER, Elisabeth. *Descobrindo a música*: ideias para a sala de aula. 3. ed. Porto Alegre: Sulina, 2012.

LABAN, Rudolf. *Dança educativa moderna*. Tradução Maria da Conceição Parayba Campos. São Paulo: Ícone, 1990.

_____. *Domínio do movimento*. Ed. organizada por Lisa Ullmann. Tradução Anna Maria Barros De Vecchi e Maria Sílvia Mourão Netto. São Paulo: Summus, 1978.

MARIANI, Silvana. Émile Jaques-Dalcroze – A música e o movimento. In: MATEIRO, Teresa; ILARI, Beatriz (Org.). *Pedagogias em educação musical*. Curitiba: IBPEX, 2011.

MARQUES, Isabel A. *Dançando na escola*. 6. ed. São Paulo: Cortez, 2012.

_____. *Ensino de dança hoje*: textos e contextos. 6. ed. São Paulo: Cortez, 2011.

_____. *Linguagem da dança*: arte e ensino. São Paulo: Digitexto, 2010.

OSTROWER, Fayga. *Universos da arte*. 24. ed. Rio de Janeiro: Elsevier; Campus, 2004.

PAVIS, Patrice. *Dicionário de teatro*. Tradução J. Guinsburg e Maria Lúcia Pereira (Dir.). 3. ed. São Paulo: Perspectiva, 2011.

PENNA, Maura. *Música(s) e seu ensino*. Porto Alegre: Sulina, 2015.

RAMALDES, Karine; CAMARGO, Robson Corrêa de. *Os jogos teatrais de Viola Spolin*: uma pedagogia da experiência. Goiânia: Kelps, 2017.

READ, Herbert. *O sentido da arte*. São Paulo: Ibrasa, 1987.

SADIE, Stanley (Ed.). *Dicionário Grove de música*. Tradução Eduardo Francisco Alves. Rio de Janeiro: Jorge Zahar, 1994.

SOUZA, Marina de Mello e. *África e Brasil africano*. São Paulo: Ática, 2006.

SPOLIN, Viola. *Jogos teatrais*: o fichário de Viola Spolin. Tradução Ingrid Dormien Koudela. 3. ed. São Paulo: Perspectiva, 2014.

_____. *Jogos teatrais para a sala de aula*: um manual para o professor. Tradução Ingrid Dormien Koudela. São Paulo: Perspectiva, 2007.

TATIT, Ana; MACHADO, Maria Silvia M. *300 propostas de artes visuais*. 3. ed. São Paulo: Loyola, 2003.

TINHORÃO, José Ramos. *Pequena história da música popular*: da modinha à lambada. 6. ed. rev. aum. São Paulo: Art, 1991.

GUIA DO CD

Faixa 01: Trecho de *O lago dos cisnes*, de Tchaikovsky, página 30
(Produção musical e arranjos: Marcelo Pacheco)

Faixa 02: "Ayú", de Fernando Barba, com o grupo Barbatuques, página 50
(Grupo Barbatuques)

Faixa 03: Som do pandeiro e do triângulo, página 52
(Produção musical e arranjos: Marcelo Pacheco)

Faixa 04: Som do xilofone, página 52
(Produção musical e arranjos: Marcelo Pacheco)

Faixa 05: Sons captados pela obra *Sonic Pavilion*, de Doug Aitken, página 59
(Hanna van den Wijngaard – Photography, Rights & Reproduction Manager /
Instituto Inhotim / Revista *Bravo!*)

Faixa 06: Voz da cantora e compositora Djuena Tikuna, página 60
(Djuena Tikuna)

Faixa 07: "Moēütchima pa tchorü no'ē" ("A anciã vive em mim a sua juventude"),
composição e interpretação de Djuena Tikuna, página 61
(Djuena Tikuna)

Faixa 08: "Casa caipira", de Cornélio Pires e Tinoco, página 62
(Arranjo, execução e voz: Marcelo Pacheco)

Faixa 09: Solo de viola caipira, página 64
(Produção musical e arranjos: Marcelo Pacheco)

Faixa 10: "Magia da viola", de Mary Galvão e Mário Campanha, com a dupla As Galvão,
página 64 (As Galvão)

Faixa 11: Trecho do 1º Movimento do 1º Concerto, "Primavera", da peça musical *As quatro
estações*, de Antonio Vivaldi, com a Orquestra Paulistana de Viola Caipira, página 65
(Orquestra Paulistana de Viola Caipira)

Faixa 12: Trecho do 1º Movimento do 1º Concerto, "Primavera", da peça musical *As quatro
estações*, de Antonio Vivaldi, página 65
(Produção musical e arranjos: Marcelo Pacheco)

Faixa 13: "Rancho triste", de Xavantinho, com a dupla Pena Branca & Xavantinho, página 66
(Pena Branca & Xavantinho)

Faixa 14: Batidas de guarânia e *country*, página 67
(Produção musical e arranjos: Marcelo Pacheco)

Faixa 15: Canto gregoriano, página 70
(Produção: Alexandre Zilahi)

Faixa 16: Diferença entre monofonia e polifonia, página 71
(Produção: Alexandre Zilahi)

Faixa 17: Notas musicais, página 73
(Produção musical e arranjos: Marcelo Pacheco)

Faixa 18: *Birds on the wires*, de Jarbas Agnelli, página 75
(Jarbas Agnelli)

Faixa 19: "A banda", de Chico Buarque, com o Coral da Universidade Federal de Mato
Grosso (UFMT), página 77
(Arranjo: Eduardo Dias Carvalho / Intérprete: Coral UFMT / Regência: Maestrina
Dorit Kolling / Piano: Rodrigo Cavalcante / Solo: Helberth Silva)

Faixa 20: "Odeon", de Ernesto Nazareth, página 88
(Produção musical e arranjos: Marcelo Pacheco)

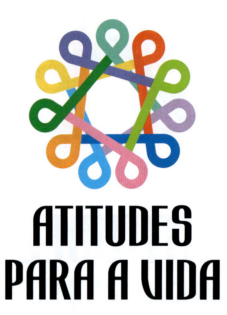

ATITUDES PARA A VIDA

As *Atitudes para a vida* são comportamentos que nos ajudam a resolver as tarefas que surgem todos os dias, desde as mais simples até as mais desafiadoras. São comportamentos de pessoas capazes de resolver problemas, de tomar decisões conscientes, de fazer as perguntas certas, de se relacionar bem com os outros e de pensar de forma criativa e inovadora.

As atividades que apresentamos a seguir vão ajudá-lo a estudar os conteúdos e a resolver as atividades deste livro, incluindo as que parecem difíceis demais em um primeiro momento.

Toda tarefa pode ser uma grande aventura!

PERSISTIR

Muitas pessoas confundem persistência com insistência, que significa ficar tentando e tentando e tentando, sem desistir. Mas persistência não é isso! Persistir significa buscar estratégias diferentes para conquistar um objetivo.

Antes de desistir por achar que não consegue completar uma tarefa, que tal tentar outra alternativa?

Algumas pessoas acham que atletas, estudantes e profissionais bem-sucedidos nasceram com um talento natural ou com a habilidade necessária para vencer. Ora, ninguém nasce um craque no futebol ou fazendo cálculos ou sabendo tomar todas as decisões certas. O sucesso muitas vezes só vem depois de muitos erros e muitas derrotas. A maioria dos casos de sucesso é resultado de foco e esforço.

Se uma forma não funcionar, busque outro caminho. Você vai perceber que desenvolver estratégias diferentes para resolver um desafio vai ajudá-lo a atingir os seus objetivos.

CONTROLAR A IMPULSIVIDADE

Quando nos fazem uma pergunta ou colocam um problema para resolver, é comum darmos a primeira resposta que vem à cabeça. Comum, mas imprudente.

Para diminuir a chance de erros e de frustrações, antes de agir devemos considerar as alternativas e as consequências das diferentes formas de chegar à resposta. Devemos coletar informações, refletir sobre a resposta que queremos dar, entender bem as indicações de uma atividade e ouvir pontos de vista diferentes dos nossos.

Essas atitudes também nos ajudarão a controlar aquele impulso de desistir ou de fazer qualquer outra coisa para não termos que resolver o problema naquele momento. Controlar a impulsividade nos permite formar uma ideia do todo antes de começar, diminuindo os resultados inesperados ao longo do caminho.

Atitudes para a vida | III

ESCUTAR OS OUTROS COM ATENÇÃO E EMPATIA

Você já percebeu o quanto pode aprender quando presta atenção ao que uma pessoa diz? Às vezes recebemos importantes dicas para resolver alguma questão. Outras vezes, temos grandes ideias quando ouvimos alguém ou notamos uma atitude ou um aspecto do seu comportamento que não teríamos percebido se não estivéssemos atentos.

Escutar os outros com atenção significa manter-nos atentos ao que a pessoa está falando, sem estar apenas esperando que pare de falar para que possamos dar a nossa opinião. E empatia significa perceber o outro, colocar-nos no seu lugar, procurando entender de verdade o que está sentindo ou por que pensa de determinada maneira.

Podemos aprender muito quando realmente escutamos uma pessoa. Além do mais, para nos relacionar bem com os outros — e sabemos o quanto isso é importante —, precisamos prestar atenção aos seus sentimentos e às suas opiniões, como gostamos que façam conosco.

PENSAR COM FLEXIBILIDADE

Você conhece alguém que tem dificuldade de considerar diferentes pontos de vista? Ou alguém que acha que a própria forma de pensar é a melhor ou a única que existe? Essas pessoas têm dificuldade de pensar de maneira flexível, de se adaptar a novas situações e de aprender com os outros.

Quanto maior for a sua capacidade de ajustar o seu pensamento e mudar de opinião à medida que recebe uma nova informação, mais facilidade você terá para lidar com situações inesperadas ou problemas que poderiam ser, de outra forma, difíceis de resolver.

Pensadores flexíveis têm a capacidade de enxergar o todo, ou seja, têm uma visão ampla da situação e, por isso, não precisam ter todas as informações para entender ou solucionar uma questão. Pessoas que pensam com flexibilidade conhecem muitas formas diferentes de resolver problemas.

Atitudes para a vida

ESFORÇAR-SE POR EXATIDÃO E PRECISÃO

Para que o nosso trabalho seja respeitado, é importante demonstrar compromisso com a qualidade do que fazemos. Isso significa conhecer os pontos que devemos seguir, coletar os dados necessários para oferecer a informação correta, revisar o que fazemos e cuidar da aparência do que apresentamos.

Não basta responder corretamente; é preciso comunicar essa resposta de forma que quem vai receber e até avaliar o nosso trabalho não apenas seja capaz de entendê-lo, mas também que se sinta interessado em saber o que temos a dizer.

Quanto mais estudamos um tema e nos dedicamos a superar as nossas capacidades, mais dominamos o assunto e, consequentemente, mais seguros nos sentimos em relação ao que produzimos.

QUESTIONAR E LEVANTAR PROBLEMAS

Não são as respostas que movem o mundo, são as perguntas.

Só podemos inovar ou mudar o rumo da nossa vida quando percebemos os padrões, as incongruências, os fenômenos ao nosso redor e buscamos os seus porquês.

E não precisa ser um gênio para isso, não! As pequenas conquistas que levaram a grandes avanços foram — e continuam sendo — feitas por pessoas de todas as épocas, todos os lugares, todas as crenças, os gêneros, as cores e as culturas. Pessoas como você, que olharam para o lado ou para o céu, ouviram uma história ou prestaram atenção em alguém, perceberam algo diferente, ou sempre igual, na sua vida e fizeram perguntas do tipo "Por que será?" ou "E se fosse diferente?".

Como a vida começou? E se a Terra não fosse o centro do universo? E se houvesse outras terras do outro lado do oceano? Por que as mulheres não podiam votar? E se o petróleo acabasse? E se as pessoas pudessem voar? Como será a Lua?

E se...? (Olhe ao seu redor e termine a pergunta!)

Atitudes para a vida V

APLICAR CONHECIMENTOS PRÉVIOS A NOVAS SITUAÇÕES

Esta é a grande função do estudo e da aprendizagem: sermos capazes de aplicar o que sabemos fora da sala de aula. E isso não depende apenas do seu livro, da sua escola ou do seu professor; depende da sua atitude também!

Você deve buscar relacionar o que vê, lê e ouve aos conhecimentos que já tem. Todos nós aprendemos com a experiência, mas nem todos percebem isso com tanta facilidade.

Devemos usar os conhecimentos e as experiências que vamos adquirindo dentro e fora da escola como fontes de dados para apoiar as nossas ideias, para prever, entender e explicar teorias ou etapas para resolver cada novo desafio.

PENSAR E COMUNICAR-SE COM CLAREZA

Pensamento e comunicação são inseparáveis. Quando as ideias estão claras em nossa mente, podemos nos comunicar com clareza, ou seja, as pessoas nos entendem melhor.

Por isso, é importante empregar os termos corretos e mais adequados sobre um assunto, evitando generalizações, omissões ou distorções de informação. Também devemos reforçar o que afirmamos com explicações, comparações, analogias e dados.

A preocupação com a comunicação clara, que começa na organização do nosso pensamento, aumenta a nossa habilidade de fazer críticas tanto sobre o que lemos, vemos ou ouvimos quanto em relação às falhas na nossa própria compreensão, e poder, assim, corrigi-las. Esse conhecimento é a base para uma ação segura e consciente.

IMAGINAR, CRIAR E INOVAR

Tente de outra maneira! Construa ideias com fluência e originalidade!

Todos nós temos a capacidade de criar novas e engenhosas soluções, técnicas e produtos. Basta desenvolver nossa capacidade criativa.

Pessoas criativas procuram soluções de maneiras distintas. Examinam possibilidades alternativas por todos os diferentes ângulos. Usam analogias e metáforas, se colocam em papéis diferentes.

Ser criativo é não ser avesso a assumir riscos. É estar atento a desvios de rota, aberto a ouvir críticas. Mais do que isso, é buscar ativamente a opinião e o ponto de vista do outro. Pessoas criativas não aceitam o *status quo*, estão sempre buscando mais fluência, simplicidade, habilidade, perfeição, harmonia e equilíbrio.

ASSUMIR RISCOS COM RESPONSABILIDADE

Todos nós conhecemos pessoas que têm medo de tentar algo diferente. Às vezes, nós mesmos acabamos escolhendo a opção mais fácil por medo de errar ou de parecer tolos, não é mesmo? Sabe o que nos falta nesses momentos? Informação!

Tentar um caminho diferente pode ser muito enriquecedor. Para isso, é importante pesquisar sobre os resultados possíveis ou os mais prováveis de uma decisão e avaliar as suas consequências, ou seja, os seus impactos na nossa vida e na de outras pessoas.

Informar-nos sobre as possibilidades e as consequências de uma escolha reduz a chance do "inesperado" e nos deixa mais seguros e confiantes para fazer algo novo e, assim, explorar as nossas capacidades.

PENSAR DE MANEIRA INTERDEPENDENTE

Nós somos seres sociais. Formamos grupos e comunidades, gostamos de ouvir e ser ouvidos, buscamos reciprocidade em nossas relações. Pessoas mais abertas a se relacionar com os outros sabem que juntos somos mais fortes e capazes.

Estabelecer conexões com os colegas para debater ideias e resolver problemas em conjunto é muito importante, pois desenvolvemos a capacidade de escutar, empatizar, analisar ideias e chegar a um consenso. Ter compaixão, altruísmo e demonstrar apoio aos esforços do grupo são características de pessoas mais cooperativas e eficazes.

Estes são 11 dos 16 Hábitos da mente descritos pelos autores Arthur L. Costa e Bena Kallick em seu livro *Learning and leading with habits of mind*: 16 characteristics for success.

Acesse http://www.moderna.com.br/araribaplus para conhecer mais sobre as *Atitudes para a vida*.

Atitudes para a vida

CHECKLIST PARA MONITORAR O SEU DESEMPENHO

Reproduza para cada mês de estudo o quadro abaixo. Preencha-o ao final de cada mês para avaliar o seu desempenho na aplicação das *Atitudes para a vida*, para cumprir as suas tarefas nesta disciplina. Em *Observações pessoais*, faça anotações e sugestões de atitudes a serem tomadas para melhorar o seu desempenho no mês seguinte.

Classifique o seu desempenho de 1 a 10, sendo 1 o nível mais fraco de desempenho, e 10, o domínio das *Atitudes para a vida*.

Atitudes para a vida	Neste mês eu...	Desempenho	Observações pessoais
Persistir	Não desisti. Busquei alternativas para resolver as questões quando as tentativas anteriores não deram certo.		
Controlar a impulsividade	Pensei antes de dar uma resposta qualquer. Refleti sobre os caminhos a escolher para cumprir minhas tarefas.		
Escutar os outros com atenção e empatia	Levei em conta as opiniões e os sentimentos dos demais para resolver as tarefas.		
Pensar com flexibilidade	Considerei diferentes possibilidades para chegar às respostas.		
Esforçar-se por exatidão e precisão	Conferi os dados, revisei as informações e cuidei da apresentação estética dos meus trabalhos.		
Questionar e levantar problemas	Fiquei atento ao meu redor, de olhos e ouvidos abertos. Questionei o que não entendi e busquei problemas para resolver.		
Aplicar conhecimentos prévios a novas situações	Usei o que já sabia para me ajudar a resolver problemas novos. Associei as novas informações a conhecimentos que eu havia adquirido de situações anteriores.		
Pensar e comunicar-se com clareza	Organizei meus pensamentos e me comuniquei com clareza, usando os termos e os dados adequados. Procurei dar exemplos para facilitar as minhas explicações.		
Imaginar, criar e inovar	Pensei fora da caixa, assumi riscos, ouvi críticas e aprendi com elas. Tentei de outra maneira.		
Assumir riscos com responsabilidade	Quando tive de fazer algo novo, busquei informação sobre possíveis consequências para tomar decisões com mais segurança.		
Pensar de maneira interdependente	Trabalhei junto. Aprendi com ideias diferentes e participei de discussões.		

VIII   Atitudes para a vida